CONSTRUINDO
UM FUTURO DE SUCESSO

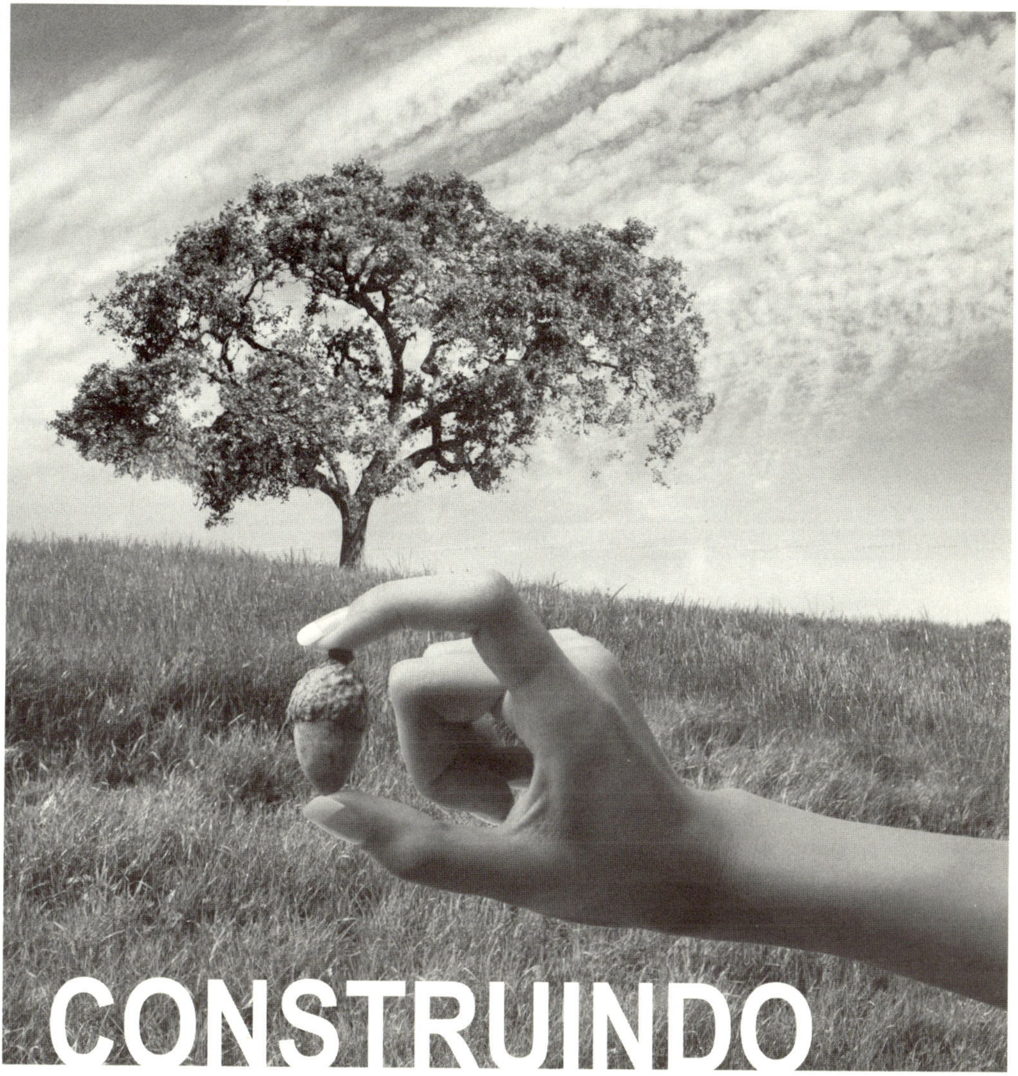

CONSTRUINDO
UM FUTURO DE SUCESSO

MARCIA LUZ

2ª
EDIÇÃO
Revista e Atualizada

Copyright © 2011 by Marcia Luz

Todos os direitos desta edição reservados à Qualitymark Editora Ltda.
É proibida a duplicação ou reprodução deste volume, ou parte do mesmo,
sob qualquer meio, sem autorização expressa da Editora.

Direção Editorial SAIDUL RAHMAN MAHOMED editor@qualitymark.com.br	Produção Editorial EQUIPE QUALITYMARK
Capa Giovani Rockenbach Machado	Editoração Eletrônica CRIATIVOS DESIGN Carlos Eduardo Oliveira (Designer Responsável)
1ª Edição: 2009	2ª Edição: 2011

CIP-Brasil. Catalogação-na-fonte
Sindicato Nacional dos Editores de Livros, RJ

L994c

    Luz, Marcia
        Construindo um futuro de sucesso/Marcia Luz – Rio de Janeiro:
Qualitymark, 2011.
        168p.

        Inclui bibliografia
        ISBN: 978-85-7303-010-5

    1. Sucesso. 2. Autorealização. 3. Sucesso nos negócios. I. Título

08-5033   CDD: 158.1
                                                                                                                CDU: 159.947.2

2011
IMPRESSO NO BRASIL

Qualitymark Editora Ltda.
Rua Teixeira Júnior, 441
São Cristóvão
20921-400 – Rio de Janeiro – RJ
Tels.: (0xx21) 3295-9800 ou 3860-8422

Fax: (0xx21) 3295-9824
www.qualitymark.com.br
E-mail: quality@qualitymark.com.br
QualityPhone: 0800-0263311

Agradecimentos

CONTEI COM A AJUDA DE PESSOAS ESPECIAIS para que o sonho da construção deste livro pudesse transformar-se em realidade.

- Meu marido, grande paixão da minha vida, Sergio Reis, que esteve ao meu lado o tempo todo apoiando-me, incentivando-me, ajudando a cuidar de mim quando o cansaço tomava conta.
- Meus pais, Maria e Benigno Gago que, embora tenham tido uma condição financeira pouco privilegiada, o que exigiu sacrifícios para oferecer-me boa educação, nunca me disseram que haviam sonhos para os quais eu não deveria olhar.
- Meus três filhos, Guilherme, Natália e Juliana, que possuem uma longa trajetória de construção de um caminho de sucesso pela frente e que pacientemente suportaram a ausência da mãe enquanto eu escrevia este livro.
- Meus parceiros de trabalho, Elisa Lorenzi e Silvio Adriani, que assim como eu, não medem esforços para ajudar a realizar sonhos das pessoas que cruzam o nosso caminho.
- Oscar Schmidt, Eliane Maria de Santana Silva, Maria Ivânia Backes de Oliveira, Adroaldo Cassol, Ginha Nader, seu Francisco e Ana Maria

Braga, que carinhosamente concederam depoimentos, relatando de que forma conseguiram realizar seus maiores sonhos.
- Cinthia Dalpino, Lucia Gonçalves, Marco Aurélio Floriani, Marcelo e Gisele Cassol, Neia e Andres Martinez, Neusa Santos, que abriram portas e facilitaram caminhos.
- Alexandre, Igor, Adriana e Vanderlei, grandes amigos da ABTD, que apoiaram e incentivaram o meu sonho e acreditaram nele.
- José Augusto Minarelli, Eduardo Carmello, Patrícia Vendramini, Omar Souki, Baltazar Melo que foram incentivadores do meu livro, cada qual me ajudando no momento em que precisei de apoio.
- Douglas Peternela, meu amigo e irmão de coração, que é sempre fonte de inspiração, pela enorme criatividade e competência profissional que possui.
- Branca Barão, também grande amiga, e um arsenal de sensibilidade e criatividade, por todo o carinho e apoio que me ofereceu quando mais precisei para concluir este livro.
- Meus amigos Giovani Rockenback Machado e Carlos Eduardo que cuidaram da capa e diagramação com tanto profissionalismo.
- Saidul Mahomed, meu querido editor, e toda equipe da Qualitymark que vem auxiliando-me na tarefa de realizar sonhos com a publicação de meus livros.
- Todos aqueles que já participaram de meus treinamentos, palestras, seminários, dividindo comigo suas lições de vida e sua busca por um futuro de sucesso.

Peço a Deus, eterna fonte de bençãos e inspiração, que ilumine a cada um de vocês!

Dedicatória

Aos meus afilhados queridos, Isabella, Júnior e Maria Vitória, para que Deus ilumine seus passos e ajude-os a transformar sonhos em realidade.

Sumário

Introdução	1
Capítulo 1 – Contextualização	9
Capítulo 2 – Um Breve Retorno ao Passado	15
Capítulo 3 – Em Busca de Sentido	21
Capítulo 4 – Praticando a Busca do Propósito	31
Capítulo 5 – Mobilizadores	41
Capítulo 6 – Autoavaliação	49
Capítulo 7 – Estabelecimento de Objetivos	73
Capítulo 8 – Plano de Ação para Alcance dos Objetivos	83
Capítulo 9 – Análise do Campo de Forças	93
Capítulo 10 – Recolocando-se no Mercado de Trabalho	97
Capítulo 11 – Gente que Faz	111
Capítulo 12 – Conclusão	149
Bibliografia Sugerida	155

Introdução

JÁ FAZ ALGUM TEMPO que a ideia de escrever um livro sobre Planejamento de Vida tem me acompanhado. Na realidade, a necessidade surgiu porque em meus treinamentos e consultorias, sempre que introduzo o tema "projeto de vida" ou planejamento de futuro, percebo que algumas pessoas me olham como se eu estivesse falando de algo totalmente novo, desconhecido. Por outro lado, outras revelam que consideram de grande importância planejar a própria vida, mas nunca reservaram um tempo para isso, e uma minoria afirma que já traçou alguns planos de futuro, que costuma fazê-lo a cada início de ano e que os resultados são bastante animadores.

Ao serem questionados sobre como imaginam o seu futuro, a maioria das pessoas diz que ainda não pensou a esse respeito, pois prefere viver o presente, o aqui e agora, e deixar essas preocupações para quando chegar a hora. É importante ressaltar que tenho encontrado esse tipo de posicionamento nas mais diferentes faixas etárias, dos 20 aos 70 anos de idade, homens e mulheres com níveis de escolaridade variados e das diversas classes socioeconômicas.

Sua trajetória no ônibus da vida

Gosto de comparar a vida com um ônibus, na qual embarcamos ao nascer e permanecemos até o dia em que ele chegar ao seu destino final. Dentro desse ônibus, cada um de nós assume diferentes posturas. Existem aqueles que fazem questão de assumir o papel do motorista e saem por aí dirigindo a própria vida, alguns com mais maestria, outros provocando acidentes pelo caminho, mas totalmente conscientes do trajeto que estão fazendo, para onde estão indo e quando pretendem chegar em cada destino. É claro que acontecem variáveis boas ou ruins durante o percurso que não puderam ser previstas e, às vezes, é necessário modificar o plano de viagem, mas os motoristas do ônibus da vida, possivelmente, já possuem uma alternativa estudada ou são capazes de pedir auxílio a outros motoristas, para achar uma saída que pareça satisfatória. Quando esse motorista passa por locais agradáveis durante a viagem, é possível que resolva ficar um tempo maior por ali apreciando a paisagem, aproveitando aquele momento. Por outro lado, quando se depara com trechos da viagem que não o agradam, trata de sair o mais rápido possível, alterando a trajetória se necessário, ou simplesmente aumentando a velocidade do ônibus para retomar o prazer pela viagem. Se mais adiante sentir saudade de algum local que gostou muito de conhecer, basta planejar para retornar em outra ocasião, afinal o ônibus está sob seu controle.

Figura 1 – Ônibus

Existem pessoas que, ao embarcarem no ônibus da vida, assumem o papel de passageiros. Embora não queiram dirigir, não abrem mão de sentar em um local bem posicionado, de preferência na janela, para acompanhar tudo o que está acontecendo. Algumas possuem conhecimento do trajeto que será realizado; outras, uma vaga noção, e outras ainda desconhecem totalmente o roteiro, mas confiam no condutor do veículo. Elas estão atentas para cada etapa da viagem e são capazes de formar opinião sobre as escolhas feitas pelo motorista, mas, infelizmente, não possuem poder de decisão, ou talvez nem mesmo de influência em relação aos procedimentos e às escolhas feitas. Quando passam por locais que são agradáveis, interessantes, chegam a pensar: "Nossa! Que lugar lindo! Como eu gostaria de ficar um tempinho por aqui!". Mas, infelizmente, o ônibus seguiu adiante e ficou apenas a recordação do desejo não realizado. Da mesma forma, existem momentos em que o ônibus passa por locais que parecem bastante desagradáveis, talvez até assustadores, dos quais querem se livrar rapidamente, mas, lamentavelmente o motorista parou e terão que submeter-se àquela situação durante o tempo que for necessário. Dessa forma, apesar de estarem totalmente conscientes de como está acontecendo a viagem de suas vidas, não possuem autonomia para modificá-la, pois optaram por assumir o papel de passageiros.

Por fim, existem aquelas pessoas que também optaram por ser passageiros, mas resolvem aproveitar para dar um cochilo, já que a viagem é longa, lá no banco de trás, aquele conhecido como "cozinha", lembra? Aproveitam para tirar uma grande soneca e, quando acordam, 20 anos depois (sim, porque as viagens da vida costumam ser bastante longas), olham pela janela e, ao constatarem onde estão, na maioria das vezes costumam ficar incomodadas, chateadas ou até mesmo revoltadas e comentam: "O que eu estou fazendo aqui? Que lugar é esse? Eu não queria estar aqui! Quem me trouxe para este lugar horroroso? Não foi isso o combinado, ou não foi isso que eu imaginei!". E como não se conformam com tão infeliz destino, resolvem procurar culpados para o ocorrido. Algumas culpam a própria sorte; outras preferem culpar o pai, a mãe, a educação que receberam, quem sabe um casamento mal sucedido e, nesse caso, a culpa recai sobre o ex-marido (ou talvez a sogra!), ou aquele emprego no qual permaneceu por 20 anos e que destruiu qualquer possibilidade de sucesso profissional e agora parece tarde demais para recomeçar. Seja lá qual for o causador desse fim de história infeliz, a responsabilidade está sempre no outro, fora de si, afinal, não era ela que estava na direção do ônibus.

O que essas pessoas esquecem é que, por um motivo ou por outro, fizeram a opção de abrir mão desse papel, entregando suas vidas nas mãos de terceiros.

A vida é feita de escolhas

Nós somos o resultado de nossas escolhas. Se o que está aparecendo como resultado não nos agrada, é necessário rever que tipo de escolhas ou omissões foram feitas (o que não deixa de ser também uma escolha), e de que maneiras elas precisam ser revistas para que a trajetória se modifique.

Mas fazer escolhas é algo ainda muito novo na história da Humanidade. Se você fizer agora uma breve retrospectiva e pensar na vida de seus avós, perceberá que eles viviam em um mundo onde tudo era predeterminado pelo ambiente social ao qual faziam parte. Quer ver? Então vamos lá.

Qual era a profissão do seu avô? Provavelmente, a maioria dos leitores respondeu agricultor ou artesão, pois estas eram as profissões disponíveis naquela época. Filho de agricultor virava também agricultor. Aliás, as famílias tratavam de ter muitos filhos para que eles pudessem ajudar na roça. E sua avó? Ela, provavelmente, nasceu para ser dona-de-casa e para gerar todos aqueles filhos. Quanto à vida afetiva, as famílias casavam os filhos entre si, alguns inclusive oferecidos como "dote" por um casamento bem constituído.

Uma conhecida de meus pais só foi apresentada ao noivo no dia do casamento e, quando protestou, dizendo que gostaria de conhecê-lo antes, obteve a seguinte resposta por parte de seus pais: "Para quê? Você terá a vida toda para conviver com ele!". E os casamentos eram para sempre; pensar em "desquite" era quase que inconcebível! Ouvia-se falar de filhos de pais separados, mas isso era raríssimo, pois as mulheres eram educadas para aguentar tudo, submeter-se ao que fosse necessário, mas jamais desistir. Como dependiam, exclusivamente, do marido para sua subsistência, não viam como questionar o casamento e pensar acerca de sua própria felicidade. Simplesmente iam tocando em frente, sem olhar para trás.

E a religião, como era definida? É claro que as pessoas seguiam a mesma religião de seus antecessores. Tudo era determinado, tudo estava resolvido.

Já na geração de seus pais, na Era Industrial, o grande sonho dos homens era conseguir um bom emprego, em uma empresa estável e ficar lá até sua aposentadoria. As mulheres passaram a ingressar no mercado de trabalho, acumulando dupla jornada e enfrentando todos os desafios e crises dessas conquistas. Começou-se a ouvir falar de casamentos desfeitos, pois, já com alguma autonomia financeira, mulheres sentiam-se encorajadas a pensar sobre sua felicidade.

De repente, chegou a sua vez de buscar um lugar ao sol, mas o mundo havia mudado. Saindo da Era do Ter para a Era do Saber, empregos passaram a ser cada vez mais escassos; a reengenharia e o *downsizing* surgiram como mecanismos para enxugar a máquina administrativa e conter custos. O mercado em crise já não comprava em grande escala e as empresas começaram a buscar profissionais especializados e não mais mão de obra, o que exigiu maior qualificação profissional, aumentando a necessidade de os trabalhadores cursarem faculdades e MBA's. Foram Gerentes das mais variadas áreas do mercado retornando aos bancos escolares para conseguir espaço neste novo mundo, e as opções de conhecimento especializado oferecidas pelo mercado ficaram cada vez maiores.

Na vida afetiva, você, provavelmente, desejou não repetir os desencontros da geração de seus pais, mas, em um mundo globalizado, as opções para escolher um parceiro ou parceira podiam estar em qualquer lugar, em toda parte, disponíveis para você, inclusive em sua telinha de computador, via Internet.

Assim, as dúvidas eram muitas: Qual faculdade fazer? Onde conhecer o parceiro ideal? Em que carreira investir? Qual língua estrangeira estudar primeiro? Por qual religião/credo optar? Como manter-se atualizado e informado em um mundo onde o conhecimento é produzido a velocidade vertiginosa???

E o pior é observar de camarote a geração de seus filhos e perceber que eles já nascem plugados, conectados, lidando com todas essas escolhas com muita naturalidade, aprendendo línguas estrangeiras através do videogame e a interagir no mundo globalizado com total facilidade.

Isso significa que a geração da transição é a sua! Seus pais e seus avós não foram convidados a fazer escolhas e muito pouco estava ao alcance deles para poderem optar. Seus filhos já ingressaram em um mundo onde a única constante é a mudança e sobrou para você a fase de adaptar-se a tudo isso!

E como se não bastasse, quando resolve sair à noite para tomar um chopinho e relaxar, ao se dar conta está cantando "deixa a vida me levar...". Aí percebe que, se entrar na onda, e realmente deixar a vida te levar, o final da história pode não ser aquele que você ousou sonhar!

Então, a saída é planejar a própria vida, ou seja, tomar as rédeas de seu destino em suas mãos. Mas você pode me dizer que não possui a mínima ideia do que pretende fazer em sua vida, que coisas lhe dão prazer, ou atribuem sentido à sua existência. Ou talvez você até saiba o que deseja, mas não acredita que chegar até lá está ao seu alcance. Nos dois casos, o primeiro passo é o autoconhecimento; somente sabendo onde você está hoje, quais são suas competências, suas capacidades, seus medos e suas limitações (sejam eles internos, sejam externos) será capaz de concretizar os objetivos almejados.

Nunca o homem sentiu tanta necessidade de dar significado à sua vida como nos dias atuais. Realização pessoal e profissional são pré-requisitos para ser feliz. As pessoas buscam fórmulas que possam oferecer essas respostas prontas, apontar caminhos, mostrar novos horizontes, mas como nenhum desses caminhos parece resolver o grande dilema em que se encontra a humanidade, as pessoas tendem a adoecer, a desenvolver depressão, estresse, ansiedade.

Estamos vivendo uma fase de transição entre a era do conhecimento e o início da era do desenvolvimento pessoal. Se na era do conhecimento o ser humano já havia assumido o centro do processo, ainda mais agora isso será uma realidade dentro das organizações.

# Capítulo 1

Contextualização

O CENÁRIO MUNDIAL passa por grandes e aceleradas transformações. Empresas líderes no século XXI são aquelas que conseguem realizar maior distribuição do poder decisório, trabalhando com o conceito de Liderança Compartilhada. Nesta, o foco está nas pessoas e não nos processos, como era característico no gerenciamento utilizado na década passada, e isso ocorre de tal forma que o poder transita de maneira circular e não hierárquica.

Nos empreendimentos mais produtivos, a responsabilidade da liderança é distribuída em toda a organização e não simplesmente utilizada como meio de controlar a mão de obra. Aliás, essa terminologia, típica da Revolução Industrial, não é mais utilizada e sim Capital Humano, que caracteriza a era do Capital Intelectual. Isto porque a verdadeira cultura organizacional reside nos corações e nas mentes de seus colaboradores.

O papel do líder é incluir o estabelecimento de atitudes de liderança em toda a equipe, de tal forma que as pessoas assumam a responsabilidade autêntica por seus empregos e os resultados da empresa.

Não se trata, apenas, de delegar tarefas para conseguir ter o trabalho executado sem sobrecarga do líder, e sim repassar as orientações e ensinamentos apropriados para que o grupo possa ser corresponsável pelos resultados. Os líderes de sucesso são aqueles capazes de revezar-se com os seus seguidores, de tal forma que a liderança possa ser experimentada por muitos e não por apenas uma meia dúzia de privilegiados. E quando a equipe colabora com entusiasmo, toda a Organização sente a diferença. Para Hoover (2006, p. 57), **"olhar para a liderança como responsabilidade apenas de uns poucos** é menosprezar o vasto recurso de energia de liderança potencialmente latente no restante da população organizacional"**. Resultados surpreendentes são alcançados quando os crescimentos pessoal e profissional fazem parte da filosofia da empresa.

No entanto, a grande questão é: será que todos os indivíduos possuem as competências essenciais para serem líderes? Talvez existam pessoas com maior ou menor habilidade para liderar grupos. Muitas correntes na psicologia já discutiram a questão de a liderança ser uma habilidade inata ou adquirida, e o que se pode afirmar, com certeza, é que ambos os fatores estão presentes. Mas existe algo que é capaz de desbancar a competência, que é exatamente a boa vontade. Competência pode ser ensinada, pois mora na mente, ou seja, é composta de conhecimentos e habilidades adquiridos, mas boa vontade reside no coração, pois é uma atitude, e isso é muito mais difícil de modificar quando não está presente.

Os grandes líderes são capazes de proporcionar, emocional e taticamente, aquilo que as pessoas mais precisam para executar adequadamente suas tarefas; eles estão dispostos a compartilhar seu poder com toda a equipe, ensinando a cada um dos colaboradores a habilidade de enxergar a empresa de maneira sistêmica.

Empresas de sucesso no século XXI são aquelas nas quais as pessoas adquirem a habilidade de aprender a aprender juntas, pois não existe área de maior alavancagem de resultados para a organização que o desenvolvimento de pessoas por meio da educação de alta qualidade. Estamos falando em Organizações em Aprendizagem que é definido por Senge (1990) como **"Organizações onde as pessoas expandem continuamente sua capacidade de criar os resultados que verdadeiramente desejam, onde novos e amplos modelos ou pensamentos são educados, onde a aspiração coletiva é um conjunto livre, e onde pessoas estão aprendendo continuamente como aprender juntas"**.

Para que, na prática, as Organizações em Aprendizagem aconteçam, é necessária a utilização de cinco disciplinas que, quando desenvolvidas em conjunto, podem ter um impacto significativo e mensurável sobre o desempenho dos indivíduos e da organização. São elas:

- Maestria Pessoal.
- Modelos Mentais.
- Visão Compartilhada.
- Aprendizagem em Equipe.
- Pensamento Sistêmico.

Não é meu objetivo neste livro tratar das cinco disciplinas. Para mais esclarecimentos, leia "A Quinta Disciplina", de Peter Senge; todavia, a Maestria Pessoal interessa-nos em particular porque ela está, intimamente, ligada ao Planejamento de Futuro.

A Maestria Pessoal é a disciplina capaz de dar sentido à vida das pessoas. Indivíduos com Maestria Pessoal possuem sonhos, metas, objetivos de vida, visão. Ter Maestria Pessoal significa ser capaz de planejar a própria vida. E empresas de sucesso são constituídas por pessoas com Maestria Pessoal.

Motivos para planejar a própria vida

A essa altura, você pode estar se perguntando o seguinte: "Ok, percebo, claramente, que empresas ganham muito em possuir em suas equipes indivíduos com Maestria Pessoal, porque eles sabem o que querem para suas vidas, comprometem-se mais e, portanto, dão mais resultados. Mas o que eu ganho em planejar meu próprio futuro, em ter Maestria Pessoal?".

Podemos listar uma série de motivos que justificam o planejamento de seu futuro. Eles estão descritos a seguir:

Preparação para metas em longo prazo: se você pretende, por exemplo, dedicar-se a uma determinada carreira, vai precisar preparar-se para isso. Se lá, no futuro, quer ser um médico conceituado, terá que ingressar em uma boa faculdade de medicina, dedicar-se ao curso, fazer os estágios e período de residência, para somente depois iniciar em sua profissão escolhida.

Empregabilidade: segundo Minarelli (1995), esse conceito remete à capacidade de um profissional estar empregado, mas, muito mais que isso, à capacidade de o profissional ter a sua carreira protegida dos riscos inerentes ao mercado de trabalho. E isso só é possível se você não só planejar, mas também construir o seu futuro.

Desenvolvimento pessoal: o seu crescimento é, por definição, sua responsabilidade. Identifique quais as habilidades e as competências possui, para, então, buscar o aprimoramento.

Autoconhecimento: quem não tem metas e objetivos não sabe aonde quer chegar. Mas, de nada adianta saber qual o destino a ser alcançado, se você desconhece de onde partiu e, portanto, quanto falta caminhar. Para planejar o seu futuro, necessariamente, você vai passar pela etapa do autoconhecimento.

Diminuição do estresse: temer o futuro, não saber o que lhe aguarda é um forte gerador de estresse. Se você planeja os próximos passos de sua caminhada, a jornada fica mais fácil porque é minimamente conhecida e algumas variáveis da trajetória são controladas.

Qualidade de vida: se resolver dedicar-se ao lazer e a cuidar da sua saúde com o tempo e dinheiro que lhe sobrarem, corre o risco de ter essas duas áreas da sua vida completamente abandonadas. Quando você planeja, é possível distribuir a energia que colocará em cada uma das diferentes áreas.

Autoestima: definir sonhos, objetivos e metas, e depois perceber que foi capaz de atingi-los, gera uma sensação de prazer e poder inigualáveis que servirão de suporte para buscar novos desafios.

Tudo isso se transforma em motivos pelos quais vale a pena dedicar um tempo para construir o seu futuro, afinal, é lá que você irá passar o restante de sua vida! Não estamos falando em engessar a sua história ou em construir trilhos onde nada poderá ser mudado. A vida é feita de momentos mágicos e tudo ficaria muito chato e monótono se fosse totalmente previsível.

No entanto, também não é possível deixar o barco de sua vida à deriva, sujeito a todas as oscilações do ambiente, porque o destino final pode ser muito diferente daquele que você desejou para a sua história.

E por falar em história, vamos, agora, relembrar como começou sua trajetória rumo à realização de sonhos e como isso pode ter se perdido ao longo do caminho.

Capítulo 2

Um Breve Retorno ao Passado

VAMOS FAZER UMA PEQUENA VIAGEM NO TÚNEL DO TEMPO. Vou pedir que retorne alguns anos em sua vida, mais precisamente até chegar aos 7 anos de idade. Visualize-se no local em que morava, brincando com seus coleguinhas, com o bicho de estimação ou com o brinquedo favorito.

Você está ali, totalmente envolvido por seus pensamentos de criança, vivendo intensamente aquele momento, quando um adulto se aproxima e quer saber do que se trata a brincadeira. (Parece que os adultos possuem uma extrema necessidade de compreender tudo o que está ocorrendo e categorizar os fenômenos, dar nome às coisas, talvez para alimentarem a ilusão de que possuem absoluto controle do que ocorre à sua volta.)

Então, sua resposta é o que lhe parece óbvio:

Estou salvando estas pessoas por que o prédio está em chamas e elas estão precisando de ajuda – apontando para a cidade construída com peças de Lego que se encontra à sua frente.

– Ha! – exclama o adulto – quer dizer que você é um bombeiro? (Lá está o adulto de novo precisando apelidar sua brincadeira, talvez para ficar mais concreto para ele!)

– Sou sim! O melhor que esta cidade já viu!

– E é isso que quer ser quando crescer?

– É sim, e também astronauta, jogador de futebol, policial, cientista, inventor, ator de novela e médico!

Com um pouco de sorte, talvez o adulto responda apenas: – Sei! E o deixará, enfim, brincar em paz, enquanto ele se afasta e pensa com seus botões: "Que bonita é a infância! Como as crianças acreditam que tudo pode ser possível!" ou talvez ele pense: "Deixe a vida se encarregar de mostrar a ele que as coisas não são tão simples quanto parecem!".

Agora, se for premiado e estiver na presença de um daqueles adultos que jamais perde uma oportunidade de fazer o seu papel de "formador" e "socializador", inevitavelmente, ele irá lhe responder:

– Pobre criança! Quantos sonhos, quanta energia! Olha, as coisas não são tão simples assim: precisará estudar muito, provar o seu valor para o mundo e existem objetivos que mesmo com muito esforço não são para todos, apenas para alguns poucos privilegiados! Acho melhor tratar de estudar para conseguir arrumar um bom emprego como seu pai fez para garantir uma aposentadoria tranquila!

Emprego, aposentadoria? O que eu tenho a ver com tudo isso? Provavelmente, você pensará assim e logo irá se desinteressar daquela conversa chata para retomar a sua tarefa de salvar a cidade em chamas, pois isso sim é importante.

Apesar da intervenção infeliz daquele adulto que procurou convencê-lo a desistir de seus sonhos, da próxima vez que for questionado acerca do que "vai ser quando crescer" possivelmente dará de novo a mesma resposta. Talvez acrescente outra profissão ou retire alguma por esquecimento, ou porque perdeu o interesse.

No entanto, se esse discurso adulto e racional se repetir por muitas vezes, acabará aprendendo que a resposta adequada é: "Vou estudar, arrumar um bom emprego, ter uma família e ser feliz". E o próximo passo é acreditar nele, assumindo-o como seu, e abandonar o anterior, pois não passava de mero "sonho".

Quando você nasceu, havia uma chama brilhando em seu coração; ela simbolizava a capacidade de acreditar em sonhos e a energia necessária para realizá-los. Enxergava à sua frente inúmeras possibilidades, todas ao alcance de suas mãos, afinal, por que não estariam? Sonhava com um futuro mágico, deslumbrante, encantador, da mesma forma que o seu presente, tão cheio de surpresas boas. Talvez não soubesse exatamente como chegar lá, mas isso pouco importava, pois o que contava, na verdade, era o que você tanto almejava.

Mas o tempo foi passando, você foi crescendo e se esquecendo, ou talvez desistindo, de seus sonhos para não correr o risco de se frustrar, ou, simplesmente, para não precisar convencer algum adulto de que seus sonhos são possíveis. Com isso, a chama em seu peito foi diminuindo mais e mais a ponto de, hoje, acreditar que ela não está mais aí, que já se apagou.

Todavia, isso não é verdade; é esta chama que mantém vivo o ser humano, que faz com que ele continue lutando por sua felicidade, que ele insista em apostar na esperança de novos horizontes, mesmo que, racionalmente, considere tudo isso perda de tempo e energia.

O convite que faço é o de redescobrir essa chama, identificando quais são os seus sonhos, qual é o seu projeto de vida, quais são os seus verdadeiros valores, e de que maneira você pode construir um caminho para chegar até eles.

Capítulo 3

Em Busca de Sentido

VIVEMOS UM MOMENTO NA HISTÓRIA DA HUMANIDADE EM QUE A BUSCA DO SENTIDO DA VIDA TEM SIDO UMA CONSTANTE. O ser humano deu grandes saltos no mundo tecnológico; conquistou céus e mares, descobriu a clonagem e a cura para grandes epidemias, transformou o mundo em algo muito pequeno, do tamanho de uma ervilha, com a globalização. A informação chega até nós no exato momento em que está sendo produzida.

Isso fez com que o foco de nossas atenções ficasse lá fora, no entorno, e o autoconhecimento acabasse sendo relegado a segundo plano. Entretanto, as pessoas começaram a se sentir vazias, desconectadas de sua essência e, hoje, muitas empresas iniciam um movimento de resgatar a espiritualidade de seus colaboradores. Descobriram que não adianta preocupar-se apenas com as dimensões física, mental e social, pois, para sentir-se completo, o ser humano precisa também da dimensão espiritual. Covey, em seu livro "Os 7 Hábitos das Pessoas Altamente Eficazes" nos fala que precisamos exercer as quatro dimensões de nossa natureza com regularidade e consistência. São elas: FÍSICA, através de exercício, nutrição e cuidados com o estresse; SOCIOEMOCIONAL, buscando ajuda, empatia, sinergia e segurança interna; MENTAL, exercitando a leitura, a visualização, o planejamento e a escrita; e, finalmente, ESPIRITUAL, através da clareza de valores, do envolvimento, do estudo e da meditação.

Covey (1989) nos diz que **"a dimensão espiritual é o seu centro, seu íntimo, seu comprometimento com o sistema de valores. Trata-se de uma área muito pessoal da vida, de importância suprema. Ela se nutre das fontes que o inspiram e o elevam, vinculando-as às verdades eternas de toda**

a humanidade". E o interessante é saber que cada pessoa faz isso de uma forma muito diferente. Alguns conseguem conectar-se com sua essência ficando em contato com a natureza; outros preferem o caminho da oração e da religiosidade; outros, ainda, optam por exercícios de meditação ou relaxamento.

Ômar Souki, um de nossos atuais gurus no mundo espiritual, afirma que apenas exercícios de relaxamento não são suficientes para o profundo contato com a sua essência. O caminho mais adequado é o do silêncio, que ocorre na meditação. Para Souki (2007), **"a prática do silêncio aumenta nossa capacidade de realização; enfim aumenta nossa eficácia. Após o silêncio ficamos mais focados, mais otimistas, e a intuição fica mais aguçada"**.

O vazio fértil

O desafio é esvaziar a mente, pensar em nada, alcançando o que os orientais chamam de "vazio fértil" ou "ponto zero". O exercício consiste em buscar um lugar tranquilo e, durante cerca de 20 minutos, você deve procurar "pensar em nada". Para auxiliá-lo, pode contar com a ajuda da chama de uma vela, para fixar o olhar, levando-o a entrar em um estado alterado de consciência. Também pode usar um mantra, uma palavra na qual vai fixar a mente até que ela se esvazie por completo. Escolha palavras positivas como amor, paz, fé, como seu mantra. Concentre-se em sua respiração, procure fazer contato com o seu corpo, relaxando-o gradativamente, comece a focar seu pensamento no mantra escolhido, até que a mente vá se esvaziando. Vários pensamentos lhe ocorrerão: preocupações do dia, acontecimentos do passado, problemas a serem resolvidos etc. Não lute contra eles; deixe que passem como nuvens no céu, sem se fixar em nada, e a cada novo exercício será mais fácil esvaziar a mente.

Quando conseguir atingir o "vazio fértil" estará pronto para novas possibilidades. Se sua mente está cheia de preocupações, velhos paradigmas, aborrecimentos, fica muito difícil enxergar outros caminhos. Quando alcançamos o "vazio fértil", é como se zerasse o placar, com chance de o jogo recomeçar. De repente, a solução para um problema que o aflige há muito tempo salta aos olhos, e então percebe que sempre esteve lá, bem na frente de seu nariz, e só não enxergava porque estava com a cabeça cheia de outros pensamentos. É o que a Gestalt chama de ter um *insight*[1]. O "vazio fértil" expande a capacidade criativa do ser humano e a possibilidade de que *insights* aconteçam.

Agora, seja lá qual for o seu caminho para desenvolver a área espiritual, lembre-se de que fazer contato com sua essência é a melhor forma de buscar se autocompreender.

A busca do sentido da vida

A busca do indivíduo por um sentido é sua motivação primária; não nascemos por mero acaso ou por acidente e você já deve ter se perguntado, muitas vezes, o que veio fazer neste mundo, qual a sua missão, qual o seu propósito de vida. Responder a essa pergunta não é tarefa fácil. Qual o legado que pretende deixar para a humanidade? Em que momento de sua vida, poderá dizer: "Pronto, agora posso partir tranquilo, pois já cumpri a minha missão!?". Esse sentido é exclusivo, específico e intransferível, uma vez que poderá ser cumprido apenas por aquela determinada pessoa.

Somos seres sociais, mas também espirituais e é comum nos perguntarmos o que estamos fazendo neste mundo, por que viemos, qual a nossa missão. De maneira mais consciente, ou sem muita reflexão acerca disso, cada um de nós vai assumindo responsabilidades perante a vida, as coisas, as pessoas e isso torna nossa caminhada mais significativa, dando forças, inclusive, para superar obstáculos quando eles aparecem.

Victor Frankl (1991), escritor e psiquiatra judeu, que foi vítima de campos de concentração por ocasião da Segunda Guerra Mundial, no seu livro "Em Busca de Sentido" ensina o que descobriu sobre como o ser humano funciona ao observar a si mesmo e as demais pessoas em situações-limite, entre a vida e a morte, no auge do desespero e da humilhação. Frankl constatou que as pessoas que sobreviveram ao holocausto dos campos de concentração foram aquelas que possuíam algo para fazer em seus futuros: uma obra para acabar, um filho ou neto para criar, uma descoberta científica para divulgar à humanidade.

---

[1] Descoberta súbita da resposta a um problema (cf. Mayer, 1996). Passagem súbita de um estado de desconhecimento ou de incompreensão para um estado de conhecimento e resolução em face de um problema (Gick & Lockhart, 1995; Mayer, 1995).

Pessoas carentes de sentido da vida tendem a adoecer e morrer muito mais cedo. Há alguns anos, tive a oportunidade de trabalhar como coordenadora de um projeto denominado "Avô Sabe", iniciativa do governo do estado de Santa Catarina. Tratava-se de um curso de empreendedorismo que era minsitrado para pessoas da terceira idade e para adolescentes, em turmas separadas. Na primeira semana, os dois grupos tinham aulas de como possuir um pensamento empreendedor. Além disso, ao público da terceira idade mostrávamos quanto conhecimento adquiriram ao longo de suas vidas e que não poderia se perder sem ser repassado para as novas gerações. Nos adolescentes, despertávamos o interesse por tudo o que poderiam aprender com os vovôs e as vovós e que, inclusive, no futuro poderiam virar oportunidades de negócios. Na segunda semana de curso, os vovôs e as vovós eram os professores, que repassavam aos adolescentes seus conhecimentos, dando aulas práticas de: tricot, chochê, marcenaria, cozinha, entre outras. O projeto foi espetacular e deu origem a cooperativas em que idosos e jovens passaram a trabalhar juntos para oferecer seus produtos à comunidade.

Ingressei nesse projeto para ensinar, mas, com certeza, aprendi muito mais que ensinei. Aprendi, por exemplo, que o melhor da vida começa aos 60 anos, quando a preocupação com a opinião dos outros passa a ter pouco significado e vive-se mais intensamente fazendo de cada minuto uma aventura que vale a pena. Durante o curso, eu fazia uma atividade em que pedia para que os vovôs e as vovós fizessem um desenho de um sonho de futuro, de um projeto que ainda pretendiam realizar. As pessoas que participavam do curso tinham todas acima de 65 anos de idade. Tinham 70, 80 e, em uma turma, tivemos uma participante com 94 anos. Foram mais de 40 turmas em todo o estado de Santa Catarina; mais de 800 pessoas da terceira idade (que aprendi a chamar da "melhor idade") sendo treinadas. E por incrível que possa parecer, nunca aconteceu de alguém responder: "Não sei o que desenhar, não tenho projeto de futuro, já alcancei tudo o que desejava!". Não pude deixar de me perguntar como isso era possível. Afinal, é tão comum encontrar jovens que dizem não possuir sonhos!

Certa vez, eu estava ministrando um treinamento no Tribunal Regional do Trabalho e, na atividade inicial, fazíamos a dinâmica da teia, em que um novelo de lã é jogado de um participante para o outro, que estão em pé, em um círculo. Ao receber o novelo, o participante diz seu nome e relata um sonho, projeto de futuro que possui. A orientação é que não pode ser um sonho para a humanidade, nem algo para outra pessoa, como, por exemplo, ver os filhos formados na faculdade. Também não pode ser algo que não dependa de seus esforços, como ganhar na mega-sena (por mais que muitos de nós sonhemos com isso!). Quando o novelo chegou nas mãos de uma senhora de mais ou menos 50 anos, ela começou a chorar e contou para o grupo que estava assim mexida porque, até chegar a sua vez de receber o novelo, ficou desesperadamente procurando um sonho para relatar e, cada um que lembrava, percebia que não era seu: "Não, este é de meu marido. Não, este também não serve porque é da minha filha". Em seguida, outra mulher, talvez uns cinco anos mais nova, também chorou por se sentir identificada com a primeira, na inexistência de sonhos pessoais.

Todavia, voltando aos nossos treinandos do Projeto "Avô Sabe", todos os participantes possuíam um sonho para relatar. E sabe a qual conclusão eu cheguei? Só estavam ali aqueles que possuíam a chama do sonho ainda acesa, porque os demais integrantes da terceira idade já haviam morrido, ou, no mínimo, estavam em casa, medicando-se para sair de alguma doença, mas nunca fazendo um curso de empreendedorismo! Lembro-me do seu Pedro, um senhor de 82 anos de idade, que revelou o desejo de montar um tanque para criar carpas. Durante o curso, correu um "bolão" em sala de aula, porque a mega-sena estava acumulada e uma participante do grupo falou para o seu Pedro:

– Seu Pedro, se nós ganharmos, o senhor não vai mais precisar criar carpas!

O seu Pedro ficou furioso e respondeu:

– De forma alguma! Não há dinheiro no mundo que me faça desistir das minhas carpas!

O que o seu Pedro não sabia é que os peixes dele, que só existiam até então no seu imaginário, estavam ajudando-o a se manter vivo! Pessoas carentes de um sentido na vida não possuem motivos pelos quais continuar lutando; pessoas que abrem mão de seus sonhos, das suas escolhas, começam a perder o significado da sua existência, adoecem e morrem.

Suas escolhas definem a direção

Descobrir o sentido da sua existência é seu grande desafio. Matthew Kelly (2005) em seu livro "Os sete níveis da intimidade" afirma que o nosso propósito essencial é nos tornarmos as melhores pessoas que podemos ser, realizando o mais plenamente possível todo o potencial como ser humano. **"Viver é sempre escolher. A cada momento, a única pergunta que devemos fazer a nós mesmos é: entre todas as opções que tenho à minha disposição, quais são as que me vão ajudar a me tornar a melhor pessoa possível?"** Cada um de nós vai descobrir o seu caminho para alcançar o propósito de vida, mas o grande desafio é sair deste mundo sendo um ser humano melhor do que aquele que chegou; e, nessa caminhada, fazer o mesmo pelas pessoas que encontrar em sua trajetória. Somente assim, realizará o papel para qual existe: atribuir significado à sua vida e ajudar outros a fazerem o mesmo.

Existe um filme chamado "Um Sonho de Liberdade", dirigido por Frank Darabont, que conta a história de Andy Dufresne (Tim Robbins), um jovem e bem-sucedido banqueiro que tem a sua vida radicalmente modificada quando é mandado para uma penitenciária para cumprir prisão perpétua por ter assassinado sua mulher e o amante dela. No presídio, faz amizade com Ellis Boyd Redding (Morgan Freeman), um prisioneiro que cumpre pena há 20 anos e controla o mercado negro do presídio. O que mantém a sua lucidez é o sonho de um dia ser novamente livre e, para isso, busca motivos para continuar vivendo. Andy afirma ser inocente e para ele é muito difícil sobreviver aos horrores do sistema penitenciário, principalmente sentindo-se injustiçado. O que o mantém vivo e lúcido é a esperança de um dia sair de lá e ele passa os 20 anos arquitetando e construindo a sua fuga, cavando um túnel nas paredes do presídio com uma colher de cafezinho!

Em uma passagem do filme, vemos um dos prisioneiros, Brooks, sendo posto em liberdade condicional, depois de mais de 30 anos no presídio. Brooks resiste, não quer ir embora, porque não sabe como viver lá fora. Ellis Boyd Redding explica isso dizendo que ele ficou institucionalizado: "No início, temos horror disso aqui, depois acostumamos e no final não sabemos mais viver longe daqui". Brooks sai do presídio, consegue um lugar para morar e um emprego, com ajuda dos planos de governo de readaptação de ex-presidiários, mas não se adapta e acaba optando pelo suicídio.

Em um outro momento do filme, Ellis Boyd Redding também tem direito à liberdade condicional e seu amigo Andy Dufresne, sabendo que o mesmo processo de falta de sentido se repetirá aqui, providencia uma missão para Boyd do lado de fora dos muros da penitenciária. Isso permitiu que o amigo tivesse um destino diferente de Brooks.

O ser humano é capaz de viver e até mesmo morrer por seus ideais e valores, pelas coisas em que acredita e as quais defende. Mas também a falta de sentido na vida provoca depressão, doença e morte.

Nos últimos anos, a humanidade se deu conta de que precisa assumir as rédeas do futuro em suas mãos em vez de, simplesmente, deixar a vida ir levando... Para isso, está sendo necessário o resgate do sentido da vida, das escolhas, de voltar a acreditar e realizar sonhos.

É importante ressaltar que o trabalho ocupa um precioso papel (senão o principal) no processo de atribuir sentido à vida das pessoas, afinal, é através dele que se tem a oportunidade de deixar um legado para a humanidade. Solo onde se ganha o pão é solo sagrado. Busque trabalhar em empresas nas quais acredita na causa, e sente que vale a pena contribuir para a sua missão, pois passará ali preciosos anos de sua vida, provavelmente no mínimo 8 horas por dia, enquanto o sol, o Astro Rei, brilha do lado fora; pelo menos cinco dias por semana, talvez mais. E é inconcebível deixar para ser feliz apenas no sábado e no domingo. Muitas pessoas sofrem da síndrome de segunda-feira; quando ouvem a musiquinha do Fantástico no domingo à noite, já começam a suar frio e ficam deprimidas! Pesquisas mostram que a taxa de suicídio aumenta nos fins de semana[2]. Parece que algumas pessoas preferem morrer que ir trabalhar na segunda-feira!

Se o seu trabalho é mera rotina e obrigação, se ele é incapaz de atribuir sentido à sua vida, talvez seja hora de procurar uma outra ocupação em que possa ser mais feliz e produtivo. No entanto, nunca é demais fazer uma reflexão para saber se o problema está fora ou dentro de você. É possível que se des-

---

[2] http://teorias-do-crime-um-seminario.blogspot.com/2006_11_01_archive.html.

cubra em um momento de grande insatisfação com tudo e com todos, como aquele sujeito que "mora sozinho e foge de casa", o que não resolve a questão, pois ele vai junto!

Ao perceber que está em uma fase difícil de sua vida, sentindo-se sem suporte e segurança para caminhar sozinho, lembre-se de que é possível, e muitas vezes necessário, pedir ajuda a um amigo ou a um profissional especializado para dar a volta por cima e resolver o momento de impasse ou dificuldade. Lembre-se também que ao chegar no fundo do poço, a única possibilidade que lhe resta é começar a subir. E as crises são excelentes oportunidades de crescimento, desde que encaradas dessa forma.

Você veio ao mundo para cumprir uma missão, um propósito de se transformar no melhor ser humano que der conta de ser e durante sua trajetória ajudar outras pessoas a fazerem o mesmo. Só assim, descobrirá a verdadeira felicidade, que é mais que um somatório de momentos, é um estado de espírito!

Capítulo 4

Praticando a Busca do Propósito

PARTINDO DO PRESSUPOSTO QUE VOCÊ NÃO VEIO AO MUNDO APENAS PARA ESPERAR A DATA DE TÉRMINO DO CONTRATO COM "O CARA LÁ DE CIMA", e considerando que queira olhar para trás ao final de sua vida e constatar que valeu a pena a caminhada, porque aprendeu muitas coisas e plantou boas sementes pelo caminho, é fundamental identificar qual é o seu propósito de vida, porque é isso que dá sentido a ela.

Não vou aqui entrar na seara de se existe um propósito predeterminado por Deus (ou seja lá qual for o nome que queira dar a uma entidade superior a nós), sendo que sua tarefa consiste em ficar atento e descobrir seus desígnios para cumprir com sucesso sua missão; ou se este propósito é construído passo a passo por você, utilizando-se da sua capacidade de fazer escolhas e do livre arbítrio.

A questão é que ter clareza de seu propósito de vida ajuda a definir seus objetivos de futuro, pois a direção estará clara. E isso vale para todas as dimensões de sua vida: profissional, familiar, espiritual, saúde, lazer, entre outras. Isso significa que escolher um propósito está intimamente relacionado com a identificação de nossos valores.

Os valores são como bússolas

Os valores não definem a direção para onde se vai caminhar, mas servem como bússola para sinalizar se a escolha da direção está coerente com as coisas em que se acredita, com o seu propósito de vida. E isso varia de pessoa para pessoa. Para alguns, a família é o mais importante; para outros, o sucesso profissional; para outros ainda, a segurança financeira ou o conforto. Agora, se procurarmos por valores universais, encontraremos palavras como: respeito, responsabilidade, comprometimento, credibilidade, compaixão, generosidade, liberdade, interdependência, coragem, honra, entre tantas outras. Definindo com clareza seus valores, fica mais fácil construir o seu propósito de vida. E se a direção estiver errada, corrigir o rumo rapidamente.

Vamos a um exemplo. Em um de meus cursos gerenciais, ao realizar exercícios para identificação de valores pessoais e construção da busca do propósito, encontrei um executivo que relatou a seguinte passagem sobre a sua vida: ao se questionar sobre seu valor principal, constatou que dava absoluto destaque para a harmonia familiar. Acontece que esse executivo introjetou, desde muito cedo, o paradigma de que ele era o único responsável pelo provimento das necessidades financeiras de sua esposa e de seus filhos. Para ele, garantir harmonia familiar significava trabalhar muito, a fim de ganhar mais e atender às necessidades financeiras de todos em casa. Com esse objetivo, mergulhou até o pescoço na vida profissional, trabalhando todos os dias até muito tarde, incluindo finais de semana, o que começou a gerar descontentamentos por parte dos filhos e da esposa. Ao ser questionado, ele respondia que precisava trabalhar mais, para ganhar mais, e ficava extremamente irritado, sentindo-se injustiçado, afinal, todo o seu sacrifício tinha como objetivo exclusivamente proporcionar conforto financeiro e, por consequência, a harmonia no lar, seu verdadeiro valor. Um dia, os filhos de 6 e 8 anos, saturados com a ausência do pai, resolveram ter uma conversa "só entre homens".

O filho mais velho iniciou:

– Pai, por que você trabalha tanto? Por que está sempre longe de nós?

– Porque preciso trabalhar muito para assegurar mais conforto para vocês, para poder comprar os brinquedos que desejam, para podermos viajar sempre que sentirmos vontade, para que vocês possam estudar em boas escolas...

Foi então que o filho de 6 anos entrou na conversa e perguntou:

– Pai, será que posso então trocar meu presente de Natal por brincar com você nos fins de semana?

O pai sentiu-se nocauteado; de repente, ele percebeu que todo seu esforço exacerbado para ganhar mais de tal forma que os filhos e a esposa tivessem maior conforto, alcançando a harmonia no lar que tanto sonhou, estava tendo efeito contrário.

A partir daí aprendeu a dar limites para sua vida profissional, sobrando mais tempo para curtir a família. Hoje sente que tem a harmonia tão desejada.

É por isso que somente depois de definir sua escala de valores é possível identificar se o seu propósito está coerente com a vida que pretende levar.

O propósito é uma afirmação clara do que se quer fazer com a vida, ajudando-o a decidir pelas escolhas certas, pois, sempre que se sentir em uma encruzilhada, sem saber qual rumo tomar, poderá perguntar: "Qual desses caminhos vai me aproximar de meu propósito?". Ou, como diria Matthew Kelly, qual destes caminhos vai me transformar em um ser humano melhor?

Entender ou definir exatamente o que estamos fazendo aqui e o que queremos desta experiência chamada vida nos ajuda a rejeitar escolhas que não estão alinhadas com nosso propósito, evitando que percamos tempo valioso fazendo coisas que não nos acrescentam nada.

Patrícia Muller

Agora é o momento de trabalhar um pouco na identificação do propósito da sua vida, através do exercício prático apresentado a seguir. O exercício é composto de quatro estágios. Preencha cada um deles tranquilamente, e, ao final, terá a sua afirmação de propósito.

Exercício para criação de uma afirmação de propósito

1º ESTÁGIO – Entrando em contato com suas capacidades, competências, talentos e habilidades: o que você pode **ser**.

Neste estágio, é importante conscientizar quais são as competências centrais, as habilidades, os talentos que reconhece que tem, mesmo aqueles que ainda não tenha posto em prática. Por exemplo, você pode ter um talento musical, artístico, esportivo etc. com o qual não está conectado neste momento de sua vida.

1. Pense nas competências que lhe dão o sentido de ser quem você é. Faça uma lista dessas competências sem censurar-se, sem racionalizar em excesso.
2. Olhe para a sua lista e veja que capacidades/competências podem ser incluídas em outras mais abrangentes.
3. Faça uma seleção criteriosa, olhando para a sua lista, de qual competência central e mais abrangente selecionaria. Para tornar mais fácil o exercício, selecione cinco itens. Depois, olhando apenas para os itens escolhidos, descarte dois deles, ficando apenas com três itens. Finalmente, descarte mais dois, deixando apenas uma competência-chave.

Alguns exemplos de competências/talentos: capacidade de

• governar	• fazer contato com a essência de tudo	• administrar o tempo
• liderar	• ajudar	• estudar
• iniciar atividades	• restaurar	• filosofar
• decolar coisas do zero	• educar	• criar estratégias
• ter visão clara	• salvar	• discernir
• apreender grandes conceitos	• ser abrangente	• abstrair
• distribuir energia equilibradamente	• ser magnético	• analisar
• ser inovador	• pacificar	• perseverar
• ser criativo	• ser adaptável	• ser pontual
• ser intuitivo	• negociar	• organizar
• ver interiormente	• comunicar com clareza	• ser flexível
	• planejar	• mudar
		• transformar

2º ESTÁGIO – Entrando em contato com a sua ação no mundo: o seu *fazer.*

Neste estágio, vai perceber as diferentes maneiras de como atua no mundo. O que você faz que lhe dá um sentido de plenitude? O que ama fazer?
1. Faça uma lista das coisas que mais gosta de fazer, mesmo que não tenha se permitido fazê-las nos últimos tempos.

2. Em seguida, olhe para sua lista e veja as relações existentes entre as coisas que faz. Veja se há elementos que convergem para uma mesma direção.
3. Selecione as palavras que convergem para um mesmo sentido até que possa priorizar apenas três itens de sua lista.

Alguns exemplos do "fazer":

• orquestrar esforços coletivos	• conciliar pelo perdão	• gerar equilíbrio
• orientar crianças	• educar pessoas	• realizar sonhos
• coordenar grupos	• sintetizar questões diversificadas	• pesquisar
• tomar decisões	• estudar	• questionar
• liderar grupos	• despertar a consciência humana	• expressar curiosidade
• destruir o velho e construir o novo	• administrar o potencial humano	• estimular curiosidade
• construir inventos	• inventar	• provar cientificamente
• dar início a novos projetos	• fazer descobertas	• estimular otimismo
	• pintar	• criar ordem e ritmo
		• plantar
		• meditar

3º ESTÁGIO – Entrando em contato com valores/qualidades/atitudes: o que se pode **ter** de mais valioso.

Neste estágio, entrará em contato com o mundo que o cerca, buscando um centro interior de serenidade. Veja que fatos, imagens e situações emergem em sua consciência.

1. Anote os elementos-chave que gostaria de ver manifestados no mundo. Veja que valores essenciais, atitudes e qualidades gostaria de ajudar a manifestar. Em que tipo de mundo quer viver? Faça uma lista desses valores/qualidades/atitudes.
2. Perceba quais as relações existentes entre esses valores/qualidades/atitudes, como eles convergem para um ponto de síntese; quais os que podem ser inclusivos uns nos outros.
3. Selecione três itens da sua lista, aqueles que mais gostaria de ajudar a manifestar.

Alguns exemplos de valores/qualidades/atitudes:

• retidão de caráter	• altruísmo	• sinceridade
• positividade	• imparcialidade	• justiça
• equanimidade	• dignidade	• perfeição
• leveza	• afeição	• independência
• calma	• generosidade	• dedicação
• clareza	• confiança	• reverência pela vida
• amor ao próximo como a si mesmo	• pureza	• doação
• compaixão	• equilíbrio	• mentalidade aberta
• amor à Natureza	• exatidão	• interdependência
	• liberdade	

4º ESTÁGIO – Criando a sua afirmação de propósito.

Agora, você tem os elementos para criar a sua afirmação. Complete o quadro abaixo com os dados que selecionou em cada estágio anterior.

Faça qualquer ajuste semântico que seja necessário e celebre o seu encontro com a sua afirmação de propósito.

O propósito de minha vida é expressar e aplicar minha capacidade de (preencha com o item selecionado no 1º estágio)

• _____

por meio de (preencha com os itens selecionados no 2º estágio)

• _____

• _____

• _____

para ajudar a co-criar um mundo/sociedade onde prevaleçam (preencha com os itens selecionados no 3º estágio)

• _____

• _____

• _____

O Plano de Desenvolvimento Individual

O Plano de Desenvolvimento Individual

A essas alturas, você pode estar pensando: "Certo, estou convencido de que preciso desenvolver minha Maestria Pessoal, resgatar sonhos adormecidos, traçar objetivos, metas, consolidar o meu propósito de vida, mas por onde começar?".

Para iniciar sua trajetória rumo ao futuro de sucesso, vamos convidá-lo a construir um *Plano de Desenvolvimento Individual (PDI)*, que nada mais é do que uma ferramenta que proporciona uma reflexão sobre sua vida pessoal e profissional, além de auxiliá-lo a traçar rumos para o seu futuro.

Um Plano de Desenvolvimento Individual deverá ser amplo, flexível e estratégico. Deve, também, facilitar uma autocrítica sobre pontos fortes, pontos fracos, possibilidades e limites.

O plano que propusemos a seguir será constituído por cinco exercícios:

1 – Mobilizadores.
2 – Autoavaliação.
3 – Estabelecimento de objetivos.
4 – Plano de Ação para o alcance dos objetivos.
5 – Análise do campo de forças.

Estes exercícios referem-se a aspectos profissionais e pessoais, interesses e aspirações. Além deles, é possível acrescentar outros dados que julgar relevantes. Ao final, espera-se que tenha em mãos um Plano para nortear suas ações presentes e futuras quanto ao seu Desenvolvimento/à sua Carreira.

Capítulo 5

Mobilizadores

POR MOBILIZADOR ESTAMOS NOS REFERINDO AO QUE LEVA UMA PESSOA A ESCOLHER SUA PROFISSÃO E A SUSTENTAR ESSA POSIÇÃO. Entre tantos caminhos que lhe foram apresentados, seja lá por quais forem os motivos, você teve preferência por um deles. Talvez tenha sido influência de seus familiares ou amigos; talvez o mercado de trabalho lhe parecesse promissor naquela ocasião, ou simplesmente apareceu uma excelente oportunidade no momento em que estava precisando de emprego.

Entretanto, depois de fazer a escolha, estudada criteriosamente ou não, ela tem sido mantida, talvez já por alguns anos. Então, de alguma forma, ela mobiliza você.

Os Mobilizadores são aqueles fatores capazes de colocar um indivíduo para trabalhar, ativando sua energia, sua criatividade e ação no enfrentamento de obstáculos, visando ao alcance de seus objetivos.

Buscar os seus Mobilizadores é um exercício de autoconhecimento que pode proporcionar muitas descobertas significativas para a sua vida pessoal e profissional. Este é o começo lógico do desenvolvimento pessoal permanente.

O que é necessário descobrir é o que mexe com as suas entranhas em termos profissionais, o que lhe dá "tesão", o que energiza, por qual causa profissional você acredita que vale a pena se dedicar.

A seguir, procure expressar quais são seus maiores Mobilizadores, ou seja, aquilo que mais o impulsiona em termos profissionais, a energia que faz com que se levante todos os dias e vá para o trabalho tendo a certeza de que valeu a pena mais aquele dia.

___

Ao responder essa primeira reflexão, é possível que você descubra que não é na ocupação que está hoje que os seus Mobilizadores são amplamente atendidos. Talvez se dê conta de que pegou uma estrada em sua caminhada, movido pela necessidade de sobrevivência, que foi necessário em um dado momento, mas que não mais está trazendo realização profissional e, consequentemente, pessoal.

Ofereça sempre o seu melhor

É provável que seja hora de reavaliar essa alternativa e decidir como poderá traçar novos rumos. Não estou falando de tentativas suicidas, do tipo: comunicar ao seu chefe na segunda-feira que está pedindo demissão para buscar a sua felicidade! O mercado de trabalho não está fácil, e mesmo um emprego razoável é melhor que emprego algum. Se pretende sair, construa a sua saída. No Capítulo 10, daremos algumas dicas de como se preparar para a recolocação no mercado de trabalho.

Agora, talvez você se dê conta de que o caminho que trilha hoje é necessário para levá-lo à direção almejada. Então, tenha clareza de por quanto tempo pretende permanecer nele, com qual objetivo, o que deseja aprender e aonde pretende chegar. Posso citar como exemplo o caso de Cíntia, uma profissional de vendas de uma empresa do sistema financeiro. Claramente, ela tem certeza de que não pretende ser Gerente de Vendas de um banco durante toda sua vida. Seu sonho é comprar uma franquia do setor alimentício e tocar seu próprio negócio. Já sabe qual será o valor de seu investimento e quanto precisa poupar mensalmente para realizá-lo. Assim, aceitou o emprego com esse firme propósito e está fazendo seu "pé de meia" para, no momento certo, montar o próprio negócio.

Entretanto, enquanto está na empresa, Cíntia faz questão de ser uma excelente colaboradora, pois sabe que está construindo uma imagem profissional no mercado que precisa ser preservada.

A história de Cíntia lembra minha própria história. Meu primeiro emprego formal foi na Caixa Econômica Federal. Faço essa distinção, porque, antes de ingressar na Caixa como empregada concursada, já havia tido várias experiências profissionais. Comecei a trabalhar com 15 anos de idade, mas sempre em estágios remunerados.

Passei no concurso público e consegui lotação na área de Recursos Humanos, minha área de interesse porque eu cursava psicologia. Minha primeira atribuição foi cuidar da Avaliação de Desempenho; acompanhar o processo em todas as Unidades de Santa Catarina, agências bancárias e áreas administrativas; auxiliar na negociação dos acordos; facilitar a implantação; checar a correta utilização da ferramenta; resolver os impasses entre chefias e subordinados, enfim, garantir que o instrumento seria utilizado de forma adequada. Achei a atribuição fascinante, principalmente por me dar a oportunidade de colocar em prática o que eu havia estudado na graduação.

No entanto, já no meu segundo mês de empresa, ocorreu um episódio que me deu a certeza de que minha história na Caixa era passageira e não definitiva, embora eu ainda estivesse influenciada pelos valores de meus pais, em que a grande conquista para o futuro profissional de alguém é passar em um concurso público e lá ficar até o dia da aposentadoria. Lembro-me de que, quando passei no concurso, minha mãe olhou para o meu pai e comentou: "Nossa filha está encaminhada na vida!"

O que ocorreu foi o seguinte: o diretor da área de Recursos Humanos estava se aposentando e todos os seus funcionários, diretos e indiretos, foram chamados para a festa de despedida. Fiquei achando tudo tão distante da minha realidade. Eu recém-chegada e ele falando em mais de 35 anos de serviço na mesma empresa! Parecia tempo demais, considerando que eu não possuía nem 22 anos de idade! Mas o que me impressionou mesmo, permitindo um novo olhar sobre a minha própria história, foi o discurso de despedida daquele homem, em que ele pedia desculpas para a esposa e a filha, também presentes na homenagem, pelos anos de ausência, de distanciamento, de falta de participação na família, por dedicação quase que total à empresa. Naquele dia, eu jurei que não repetiria a história daquele gestor. Decidi que 35 anos é tempo demais para ficar na mesma empresa, e que eu não pretendia abrir mão das demais áreas da minha vida para realizar apenas sonhos profissionais.

Dali em diante, comecei a construir a minha empregabilidade. Prometi a mim mesma que faria o melhor enquanto estivesse na empresa, mas me prepararia para partir. E foi o que fiz! Durante os 12 anos em que estive lá, busquei meu aperfeiçoamento. Não perdia uma única oportunidade de fazer treinamentos que a empresa oferecia, internos ou externos. Iniciei e concluí minha pós em Administração em Recursos Humanos, uma especialização em Gestalt Terapia e mestrado em Engenharia de Produção.

Fiz concurso interno para ser instrutora da Caixa. Participei de uma seleção que era uma verdadeira prova de fogo, mas a determinação era meu motor. Fui aprovada e passei meus próximos anos de empresa aperfeiçoando-me como facilitadora de grupos. Também aprendi a ser consultora, instrutora formadora, fazendo todos os cursos e processos seletivos que a empresa oferecia nessa área do conhecimento. Tinha como meta pessoal fazer o melhor trabalho possível, servir de referência, ser modelo. Não que isso aumentasse um único centavo no meu salário, mas eu sentia que possuía uma responsabilidade com as pessoas que eu treinava.

Com o tempo, aconteceu um fenômeno bastante curioso: eu já havia conquistado espaço na instrutoria da Caixa e era conhecida em todo o Brasil, sendo chamada para ministrar treinamentos. Mas até aí, isso era esperado.

Quando se fazia um bom trabalho, a demanda aumentava e seu nome ficava conhecido.

O que me causou surpresa foi um telefonema que recebi em meu setor, em um dia de trabalho como outro qualquer:

– Alô, eu poderia falar com a Marcia Luz?

– É ela. Pois não?

– Marcia, eu estou ligando da Celesc, pois gostaria de receber uma proposta sua para realização de um treinamento aqui.

Nesse momento, senti-me totalmente atônita; tirei o telefone do ouvido e fiquei olhando para ele sem nada entender. Como alguém da Celesc pode saber que eu existo, que sou instrutora, que ministro treinamentos, se só faço isso dentro da Caixa? Perguntei:

– Você quer falar com quem mesmo?

– Com a Marcia Luz; não é você?

Naquele instante, devo ter checado em meu crachá funcional para saber se era eu mesma!

– Sim, sou eu sim – respondi.

– Então, você pode nos mandar uma proposta?

– Claro! Mas você pode me dizer como chegou até mim?

– É que nós temos um gerente que é casado com uma gerente da Caixa que fez treinamento com você e recomendou muito!

Bingo! Agora tudo fazia sentido! Então, os muros da Caixa haviam sido ultrapassados! Ou eu deveria falar nas "abas da caixa"... E assim, uma sucessão desses convites começaram a aparecer, e eu os atendia nos finais de semana, à noite, fora do horário de expediente, até que cresceram tanto que continuar na Caixa passou a ser um dificultador e resolvi partir para montar a minha empresa de Treinamento e Desenvolvimento.

Assim, construí a minha saída sem pressa, passo a passo, dedicando-me ao máximo enquanto estava lá, procurando fazer o melhor possível e, por incrível que pareça, foi exatamente a minha dedicação que me permitiu sair. Essa transição foi feita de forma tão madura, sem traumas, que, hoje, a Caixa me chama para ministrar treinamentos para ela. E tenho que confessar que a sensação de estar lá novamente, agora na posição de consultora, é maravilhosa. Amo aquela empresa, sinto-me grata por tudo o que ela representou em minha vida e sei que, pelo excelente trabalho e anos de dedicação que ofereci, construí um vínculo sólido e duradouro.

Sempre que tenho a oportunidade de trabalhar em cursos de Integração, com pessoas que estão ingressando em uma nova empresa, dou este conselho: faça o melhor que puder enquanto estiver aqui dentro, mereça esta empresa o seu empenho ou não, pois não estará fazendo por ela e sim pela sua carreira! E o mercado enxerga além dos muros onde você está. Construa vínculos saudáveis; dê o seu melhor; deixe saudades ao partir e, no final da sua caminhada, ao olhar para trás, terá a certeza de que não foram anos desperdiçados e sim oportunidades de realizar a sua missão profissional.

Portanto, procure locais para trabalhar onde seus Mobilizadores possam estar presentes; procure um caminho onde seu coração acompanhe você.

"Você deve sempre manter em mente que um caminho não é mais do que um caminho; se achar que não deve segui-lo não deve permanecer nele, sob nenhuma circunstância. Para ter uma clareza dessas é preciso levar uma vida disciplinada. Só então você saberá que qualquer caminho não passa de um caminho, e não há afronta para si nem para os outros, em largá-lo se é isso o que seu coração lhe manda fazer. Mas sua decisão de continuar no caminho ou largá-lo deve ser isenta de medo e de ambição. Eu lhe aviso. Olhe bem para cada caminho, e com propósito. Experimente-o tantas vezes quanto achar necessário. Depois, pergunte-se, e só a si, uma coisa. Essa pergunta é uma que só os muito velhos fazem. Meu benfeitor, certa vez, contou-me a respeito, quando eu era jovem, e meu sangue era forte demais para poder entendê-la. Agora eu a entendo. Dir-lhe-ei qual é: esse caminho tem coração? Todos os caminhos são os mesmos: não conduzem a lugar algum. São caminhos que atravessam o mato, ou que entram no mato. Em minha vida, posso dizer que já passei por caminhos compridos, mas não estou em lugar algum. A pergunta de meu benfeitor, agora, tem um significado. Esse caminho tem um coração? Se tiver, o caminho é bom; se não tiver, não presta. Ambos os caminhos não conduzem a parte alguma; mas um tem coração e o outro não. Um torna a viagem alegre; enquanto você o seguir, será um com ele. O outro o fará maldizer sua vida. Um o torna forte; o outro o enfraquece."

The Teachings of Don Juan – Carlos Castaneda (1968)

Capítulo 6

Autoavaliação

CERTA VEZ, QUANDO AINDA ERA FUNCIONÁRIA DA CAIXA ECONÔMICA FEDERAL, estava em Brasília, participando de uma reunião de instrutores para repasse de metodologia. Fomos visitados pelo Diretor de Recursos Humanos, e não perdemos a oportunidade de reivindicar aumento de hora-aula. Inteligentemente, nosso diretor nos olhou e nos provocou:

– Por que vocês querem aumento de salário?

E nós respondemos:

– Porque estamos ganhando pouco, ora essa!

– E como vocês sabem que estão ganhando pouco? – ele insistiu.

E nós passamos a listar as seguintes pistas que nos indicam quando estamos ganhando pouco:

- Seu dinheiro acaba antes do mês chegar ao fim.
- Não há dinheiro para pagar todas as contas.
- Existem pessoas no mercado fazendo o mesmo que você e ganhando mais.
- Existem pessoas dentro de sua própria empresa fazendo menos que você e ganhando o mesmo.
- Você sente vontade de comprar várias coisas que seu salário não permite.
- O custo de vida aumentou e seu salário não mexeu etc.

Poderíamos ter ficado ainda por horas listando "evidências" do motivo pelo qual tínhamos a certeza de que estávamos ganhando pouco e, portanto, precisávamos de aumento de salário. Mas ele interrompeu a interminável ladainha, dizendo:

- Nada disso! Você sabe que está ganhando pouco quando a concorrência bate à sua porta e diz: "Vem trabalhar comigo que eu lhe pago o dobro". Enquanto isso não ocorrer, fique bem quietinho, porque talvez você não valha nem o que ganha!

Tenho que admitir que, naquele exato momento, senti muita raiva, não sei se dele ou de mim e, naquela noite, não consegui dormir. Fiquei a noite toda repassando minha lista de contatos e me perguntando: quem pagaria o dobro do que eu ganho hoje? E a resposta foi: ninguém!

Daquele dia em diante, comecei a trabalhar para meu passe valer mais no mercado e, algum tempo depois, consegui modificar radicalmente essa situação. Hoje em dia posso afirmar que eu realmente ganhava pouco, não pelo valor em si, mas pelo que consegui fazer valer minha hora de trabalho.

Fiz essas provocações, mesmo sabendo que corro o risco de acionar em você, amigo leitor, a mesma raiva que meu diretor instigou em mim, porque é necessário sair da zona de conforto para preparar-se para as mudanças.

Você tem mil planos para o futuro, mas será que está preparado para o tamanho de suas ambições? Se, por algum motivo, hoje perdesse o emprego que possui, em quanto tempo conseguiria se recolocar no mercado em uma posição igual ou superior a que possui?

É a partir do perfil de competências e atitudes bem estabelecido que um profissional pode avaliar até que ponto seus interesses e suas expectativas pessoais estão adequadas à função e qual seu preparo para exercê-la.

Como decorrência dessa avaliação, é possível redirecionar sua carreira e/ou estabelecer conteúdos de desenvolvimento nas áreas que não domina suficientemente.

A preparação de si próprio e de outros para se tornarem aptos a exercer uma determinada função requer o exercício de previsão e antecipação sobre o que é esperado dessa função.

A seguir, vamos propor o preenchimento de um questionário que ajudará a mensurar como está sua empregabilidade. É fundamental que você seja extremamente criterioso e honesto em suas respostas; não responda como gostaria de ser e sim como de fato encontra-se hoje em cada um dos quesitos.

Lembre-se de que se trata de uma fotografia e não de uma radiografia, ou seja, "você está assim", e não "você é assim". Isso lhe dá oportunidade de mudar esse perfil a qualquer momento, desde que haja empenho e determinação de sua parte.

Então, mãos à obra! Assinale, nos espaços abaixo, como você se vê em relação a cada um dos atributos de empregabilidade indicados.

ATRIBUTOS DE EMPREGABILIDADE	☹		☺		☺
Capacidade de estabelecer *network* (contatos)					
Concentração criativa (capacidade de inovar/criar)					
Capacidade conceitual (estabelecer conceitos próprios)					
Domínio de línguas estrangeiras					
Multifuncionalidade (capacidade de exercer atividades diversas)					
Visão internacional					
Visão do conjunto e de futuro					
Leitura diária					
Capacidade de mudar					
História profissional					
Capital social (capacidade de influenciar na comunidade)					
Capital profissional (nível de desenvolvimento profissional)					
Capacidade de lidar com pressão					
Capacidade de lidar com ambiguidades e incertezas					
Capacidade para usar conhecimentos acumulados					
Capacidade de implementar (execução de ideias)					
Capacidade de equilibrar vida pessoal e profissional					
Disposição para correr riscos					
Curiosidade e inquietação					

ATRIBUTOS DE EMPREGABILIDADE	☹		😐		🙂
Abertura intelectual (disposição para contato com novos conhecimentos)					
Agressividade positiva (assertividade)					
Segurança: não ter medo de perder a cadeira					
Relação adulto/adulto (autogestão/autonomia)					
Habilidade de perceber e lidar com pessoas					
Disposição tanto para ser estrela como para carregar o piano					
Trabalhar bem em equipe com pessoas de ponto de vista diferentes					
Canalização de energia para atividade produtiva					
Agilidade					
Flexibilidade					
Adaptabilidade					
Autopercepção (capacidade de se perceber)					
Capacidade de ouvir e de entender o ponto de vista do outro					
Capacidade de falar com fluência e objetividade					
Capacidade de aprender					
Total					

Muito bem! Avalie seus resultados. Identifique quais são seus pontos fortes para que funcionem como alavancadores para melhorar sua ***performance*** profissional. E perceba quais são os pontos que precisa aperfeiçoar/ melhorar para que seus objetivos de futuro sejam alcançados e para aumentar sua empregabilidade.

Ainda como recurso para autoavaliação, vamos investigar sua empregabilidade. Minarelli, em seu livro: "Empregabilidade – o Caminho das Pedras", mostra-nos alguns aspectos fundamentais para quem deseja ser empregável neste mundo altamente competitivo. É o que ele chama de pilares básicos para a construção do perfil de empregabilidade. São eles:

– Adequação vocacional.
– Competência profissional.

– Idoneidade.

– Saúde física e mental.

– Reserva financeira e fontes alternativas.

– Relacionamentos.

Juntos, eles são responsáveis pela sustentação de sua carreira. Para isso, precisam estar bem articulados entre si e fortificados. Isso não significa que você estará livre de demissões, mas, com certeza, terá condições de, rapidamente, colocar-se no mercado novamente.

Construindo bases sólidas para a empregabilidade

As transformações que estão ocorrendo no mundo têm afetado, diretamente, as carreiras profissionais, uma vez que as relações de trabalho e o perfil exigido pelo mercado modificam-se diariamente.

Por meio dos seis pilares básicos de empregabilidade, avalie se está preparado para o mercado de trabalho.

Adequação vocacional

Esse tema tem tirado noites de sono de muita gente! A primeira pergunta que costuma ser feita é a seguinte: "Mas, qual será mesmo a minha verdadeira vocação?". Algumas pessoas questionam-se acerca disso quando concluem o ensino médio, resolvem optar por uma faculdade e, encontrando-se diante de um leque de inúmeras possibilidades, perguntam-se qual o caminho que deverão seguir.

Muitas pessoas procuram ajuda de trabalhos de Orientação Vocacional, em que profissionais da área de Recursos Humanos oferecem o auxílio necessário para que a escolha seja feita com a menor margem de erro possível. Em alguns casos, são aplicados testes, ou realizadas provas situacionais, ou até mesmo dinâmicas de grupo, a fim de identificar o perfil, as aptidões e as preferências pessoais.

No entanto, muitas vezes, a escolha da carreira pode ser motivada por aspectos que eram significativos naquele momento de vida. Por exemplo, estava precisando ganhar dinheiro em curto prazo e surgiu uma oportunidade; o vestibular era menos concorrido naquela área e as chances de ser aprovado eram maiores; o pai já possuía um negócio próprio e você trabalharia com ele; abriu um concurso público, estava precisando de dinheiro e não pensou duas vezes e assim por diante.

Experimente perguntar para um funcionário público ou para um bancário o que ele respondia na infância ao ser indagado sobre o que pretendia ser quando crescesse. Quantos deles você imagina que responderão que desde a infância sonhavam em trabalhar na função que ocupam hoje? Com certeza, vai averiguar que apenas um pequeno número havia idealizado a profissão que exercem hoje.

Agora, faça o caminho inverso: pergunte a uma criança o que ela pretende ser quando crescer e observe quantas responderão: "Eu quero trabalhar no Banco do Brasil" ou na "Assembleia Legislativa", ou na "Secretaria da Saúde". Não, definitivamente não são esses sonhos que as pessoas carregam em seus corações, pois, na infância, não almejam empregos e sim carreiras, profissões. Porém, a vida acaba direcionando-nos para alguns caminhos que não estavam planejados.

É evidente que, muitas vezes, o que nos aguarda é uma grata surpresa que, embora não fizesse parte de nossos sonhos, faz-nos muito felizes. Mas e quando isso não se concretiza? E quando eu me deixei levar por um caminho que não me realiza enquanto profissional e muito menos como ser humano?

Como proceder quando se descobre que a minha formação universitária não corresponde ao que eu realmente gostaria de fazer? Ou que meu emprego, embora eu seja concursado e receba um salário relativamente interessante, está longe de atender às minhas expectativas profissionais?

Eu costumo dizer que, para que o ser humano seja plenamente feliz, é necessário que ele consiga responder a três grandes questões:

– O que quer fazer profissionalmente.
– Onde quer viver, ou seja, em que cidade, estado, país.
– Com quem quer viver.

Após descobrir essas respostas, deve buscar atendê-las, ou, se ainda não for possível colocá-las em prática, ter clareza de que está adiando seus sonhos apenas provisoriamente, mas que não vai descansar enquanto não conseguir realizá-los.

A adequação vocacional fortalece a empregabilidade na medida em que a ocupação corresponde a aptidões, facilidades, gostos e interesses de cada um. As ideias fluem, é possível ser criativo, comprometer-se com a missão da empresa, sentir-se energizado, identificar-se com o trabalho. Todavia, se isso não acontece, talvez seja hora de adquirir coragem para pensar em promover uma transformação em sua vida. Muitas pessoas revelam que precisaram ser demitidas de seus empregos para que suas vidas tomassem um novo rumo, que trouxe verdadeira felicidade e realização. Mas nem sempre o melhor caminho é aguardar por fatores externos que provocarão a mudança.

Isso me faz lembrar a parábola descrita a seguir.

Jogue sua vaquinha do precipício

Conta a história que um mestre com grande sabedoria passeava por uma floresta com seu fiel discípulo quando avistou, ao longe, um sítio de aparência pobre e resolveu fazer uma breve visita. Chegando ao sítio, constatou a enorme pobreza do lugar, sem calçamento, casa de madeira, os moradores, um casal e três filhos, vestidos com roupas rasgadas e sujas... Então, aproximou-se do senhor, aparentemente o pai daquela família, e perguntou: "Neste lugar não há sinais de pontos de comércio e de trabalho. Como o senhor e a sua família sobrevivem aqui?". E o senhor calmamente respondeu: "Meu amigo, nós temos uma vaquinha que nos dá vários litros de leite todos os dias. Uma parte desse produto nós vendemos ou trocamos na cidade vizinha por outros gêneros ou alimentos e a outra parte nós produzimos queijo, coalhada, para o nosso consumo e assim vamos sobrevivendo".

O sábio agradeceu a informação, contemplou o lugar por uns momentos, depois se despediu e foi embora. No meio do caminho, voltou-se para o seu fiel discípulo e ordenou: "Aprendiz, pegue a vaquinha, leve-a ao precipício ali na frente e empurre-a, jogue-a lá em baixo". O jovem arregalou os olhos espantado e questionou o mestre sobre o fato de a vaquinha ser o único meio de sobrevivência daquela família. Mas como percebeu o silêncio absoluto do seu mestre, foi cumprir a ordem. Assim, empurrou a vaquinha morro abaixo e a viu morrer.

Aquela cena ficou marcada na memória daquele jovem durante alguns anos e, um belo dia, ele resolveu largar tudo o que havia aprendido e voltar àquele mesmo lugar e contar tudo àquela família, pedir perdão e ajudá-los. Assim fez, e, quando se aproximava do local, avistou um sítio muito bonito, com árvores floridas, todo murado, com carro na garagem e algumas crianças brincando no jardim. Ficou triste e desesperado, imaginando que aquela humilde família tivera que vender o sítio para sobreviver. Apertou o passo e chegando lá, logo foi recebido por um caseiro muito simpático e perguntou sobre a família que ali morava há uns quatro anos, e o caseiro respondeu: "Continuam morando aqui". Espantado, ele entrou correndo na casa e viu que era mesmo a família que visitara antes, com o mestre. Elogiou o local e perguntou ao senhor, aquele mesmo dono da vaquinha: "Como o senhor melhorou este sítio e está muito bem de vida?". E o senhor, entusiasmado, respondeu: "Nós tínhamos uma vaquinha que caiu no precipício e morreu. Daí em diante, tivemos que fazer outras coisas e desenvolver habilidades que nem sabíamos que tínhamos, para sobreviver. Assim, alcançamos o sucesso que seus olhos vislumbram agora."

Conclusão: Todos nós temos uma "vaquinha" que nos dá alguma coisa básica para sobrevivência e assegura uma "zona de conforto". Descubra você qual é a sua vaquinha!

Competência profissional

Competência é sinônimo de capacitação profissional. É o somatório dos conhecimentos, das habilidades e das atitudes que adquirimos durante toda nossa história de vida, seja através da formação escolar, dos treinamentos recebidos, pela busca do autodesenvolvimento ou pela vivência cotidiana.

Todavia, a competência profissional não é algo pronto, acabado, que, uma vez adquirida, garante-nos sucesso por toda a vida. No ritmo em que o mundo se moderniza, é fundamental que acompanhemos as mudanças, adequando-nos profissionalmente. A máxima utilizada há alguns anos, que dizia: "Time que está ganhando não se mexe" deixou de ser verdade absoluta, pois quem não sai do lugar é ultrapassado.

Quem não se moderniza, buscando conhecimento e aperfeiçoamento, torna-se um profissional de segunda linha e, para eles, não existe espaço no mercado de trabalho. Grande parte das pessoas que foram demitidas de seus empregos possuem um histórico de comodismo no passado. Aprendizagem contínua é uma exigência que faz parte de toda e qualquer carreira profissional. Desenvolva sua curiosidade, faça perguntas, busque aprender cada vez mais. Quem assim procede é capaz de encontrar novas soluções, mais eficazes, para problemas antigos ou para novos desafios.

Além disso, é fundamental que você divulgue a sua imagem. Seja seu próprio empresário, invista no marketing pessoal, pois, além de competência técnica e gerencial, o bom profissional precisa ser competente em comunicação e vendas. Se sua contribuição ao mercado de trabalho tem valor, é imprescindível que você estabeleça um preço e ganhe dinheiro com isso, conscientizando-se de seu valor pessoal, sob pena do próprio mercado e o cliente desvalorizarem sua atuação.

Outro cuidado primordial que está intimamente relacionado com a competência profissional é a apresentação pessoal Não basta ser, é necessário parecer! Uma embalagem não garante a qualidade do produto que ela contém, mas, com certeza, influencia na avaliação que fazemos do todo. Procure adequar-se aos padrões esperados dentro de sua profissão.

Idoneidade

O terceiro pilar da empregabilidade refere-se a uma questão de cunho ético, moral. Não se trata de fazer qualquer avaliação sobre o que é certo ou errado, mas por certo, o senso comum constrói uma série de normas e procedimentos que embora não estejam escritos em lugar algum, estão profundamente enraizados nos grupos sociais.

Embora a Lei de Gerson, ou seja, a tendência de querer tirar vantagem de todas as situações tenha sido tão divulgada em nossa sociedade, mais do que nunca estamos presenciando um resgate de valores básicos como a honestidade, o respeito ao próximo e aos espaços individuais. Ganhos ilícitos podem parecer interessantes em curto prazo, mas também podem deixar sequelas por muitos anos em uma carreira profissional. Esse tipo de notícia se espalha com facilidade e não traz consequências apenas no emprego onde se está; pode cristalizar um rótulo, uma imagem, que dificilmente será desmanchada.

O profissional idôneo, correto, honesto, que conduz a sua vida dentro de princípios legais e éticos, tem a seu favor a consideração, o respeito, a admiração e a confiança das pessoas que estão à sua volta. Quanto mais e melhores referências um profissional possuir, mais chances de ser contratado ele terá. Construa uma boa imagem a seu respeito e muitas portas começarão a se abrir.

Saúde física e mental

Junto com todos os avanços tecnológicos, a vida moderna trouxe consigo uma sociedade estressada, deprimida, adoecida. Em consequência do ritmo de trabalho acelerado, da competitividade, da pressão sofrida por todos os lados, das ameaças de desemprego, muitas pessoas entraram em um processo de rebaixamento da autoimagem, da perda do sentido da vida.

Alguns profissionais depositam em suas carreiras todo o sentido de viver. Por esse motivo, é tão comum o aparecimento de doenças após a aposentadoria. Imagine, então, o que uma ameaça de demissão pode ocasionar!

Além disso, algumas pessoas, simplesmente, descuidam da saúde, pois já possuem tantas preocupações no dia a dia que não sobra tempo para cuidar desses "detalhes". É impressionante o descaso com o qual tratamos nossa saúde, deixando-a, via de regra, em último plano.

O que você faz, por exemplo, se começa ouvir um barulho estranho no seu carro? A maioria de nós, provavelmente, irá responder que tratará de procurar um mecânico o mais rápido possível, para que o problema não se agrave. No entanto, muitas vezes, nosso corpo já está há bastante tempo sinalizando que algo não vai bem e nós simplesmente ignoramos, pois não há tempo para "gastar" com essas banalidades!

Você já deve ter ouvido ou até mesmo dito inúmeras vezes a frase: "Não tenho tempo para ficar doente". Isso significa que percebeu sinais de que um resfriado, por exemplo, está chegando e simplesmente ignora o pedido do seu corpo para diminuir o ritmo. O que ocorre é que, da próxima vez, o corpo gritará por socorro mais alto, apresentando um quadro sintomático maior e mais grave, até não ser mais possível ignorar.

Sabemos que um dos fatores que ocasiona o estresse é o desequilíbrio entre a energia física e mental utilizadas. A tendência das pessoas na sociedade moderna é ter uma vida excessivamente sedentária, mas realizar muito esforço mental. Isso pode gerar um desequilíbrio energético que culminará no estresse. Praticar exercícios físicos, como, por exemplo, caminhada diária, devolve ao corpo sua saúde e vitalidade.

Também é fundamental que haja um cuidado todo especial com a alimentação. Excesso de peso diminui sua energia e prontidão para a ação. Programas de reeducação alimentar influenciam em todos os aspectos de sua vida, melhorando seu humor, dando disponibilidade para a ação e aumentando a energia.

Muitas vezes, também é necessário buscar apoio psicológico para lidar com situações desgastantes. Por muito tempo, fazer terapia foi encarado como "coisa para malucos", como se esta somente pudesse ser procurada em casos extremos. Hoje, com a popularização do acompanhamento terapêutico, as pessoas passaram a ter consciência de que é possível buscar aí um auxílio para o processo de descoberta pessoal e superação de dificuldades.

Somos um todo integrado e não é possível garantir a empregabilidade se não cuidarmos do bem mais precioso que possuímos: nossas vidas!

Reserva financeira e fontes alternativas

Costuma-se dizer que "a região mais sensível do corpo humano é o bolso!" Se você já passou pela situação de ver seus últimos centavos indo embora, provavelmente, concorda com a afirmação acima.

Para possuir liberdade de deixar um emprego que não está trazendo satisfação pessoal e profissional, faz-se necessário ter algum respaldo econômico; do contrário, a tendência é tornar-se escravo daquele salário recebido ao final de cada mês. A saída para isso é fazer uma reserva de dinheiro para situações de emergência, do tipo: uma demissão inesperada ou um descontentamento com a atual ocupação, impulsionando-o a buscar outro caminho.

Você pode estar se perguntando como é possível pensar em guardar dinheiro em uma época de tanta recessão, com o salário reduzido e o custo de vida cada vez mais alto. Realmente não é fácil, porém é necessário. Muitas pessoas têm optado por buscar algum serviço extra em seu ramo de atividade ou, até mesmo, em outra área, o que acaba abrindo novas portas profissionais.

A dica é a seguinte: fique atento para as necessidades das pessoas à sua volta e avalie se poderia apresentar soluções remuneradas. Grandes ideias costumam surgir a partir de coisas simples, de pequenos sinais do seu ambiente. Quando vemos alguém implementando algo extremamente simples e que vira um sucesso, comentamos: "Nossa! Mas isso eu também poderia ter feito". É, depois que Colombo *colocou o ovo em pé*[1], parece realmente muito fácil.

Ficar sem dinheiro tira a tranquilidade de qualquer um e acaba por nos paralisar no momento em que mais precisamos de criatividade e presença de espírito para procurar uma nova ocupação ou um novo emprego. Portanto, busque construir seu colchão de liquidez a fim de lhe proporcionar alguma garantia em relação ao seu futuro.

Relacionamentos

O último pilar que sustenta a empregabilidade é a rede de relacionamentos que construímos durante nossas vidas. Esses relacionamentos podem ser encarados como capital social, uma vez que, se bem utilizados, transformam-se em fontes de dinheiro.

Isso não significa que nossas relações devem ser construídas e motivadas por interesses ou ganhos pessoais, mas, sem dúvida, bons amigos podem abrir portas nos momentos em que mais precisamos, seja contratando-nos, fazendo uma indicação para uma vaga ou, simplesmente, dando um conselho na hora certa. Muitas vezes, a vida nos proporciona conhecer pessoas especiais, contatos interessantes, mas, por descuido ou desleixo, não alimentamos essas relações e nem ao menos guardamos endereços e telefones para eventuais contatos.

Crie um banco de dados com todas as informações importantes acerca de sua rede de relacionamentos. Existem programas de computador que podem auxiliá-lo nessa tarefa. No que se refere a aumentar a empregabilidade, é importante que as pessoas saibam onde estamos, o que temos feito, que

---

[1] É uma expressão que surgiu graças ao descobridor da América. Após retornar com sucesso do novo continente, Cristóvão Colombo (1451-1506) foi tratado como herói na Espanha. Em um dos jantares oferecidos em sua homenagem, alguns convidados passaram a menosprezar abertamente a viagem, dizendo que qualquer um poderia ter achado o Novo Mundo. Foi, então, que Colombo propôs a todos que colocassem um ovo em pé. Vários tentaram, sem sucesso, até que o próprio navegador quebrou uma das extremidades do ovo cozido, que ficou em pé. Assim, a expressão "ovo de Colombo" passou a significar algo fácil de ser realizado depois que alguém já o tenha feito.

tipo de colaboração profissional podemos oferecer e, principalmente, como podem nos encontrar. Deixe seu cartão de visitas com endereço e telefone atualizados.

Finalizando, a construção de uma base sólida para garantir a empregabilidade exige dedicação e empenho. Invista em você, acredite em seu potencial. Agindo assim, com certeza, as portas do mercado de trabalho estarão sempre abertas aguardando a sua chegada.

Check-up da vida pessoal e profissional

Agora, vamos avaliar o quanto você está investindo em seu autodesenvolvimento e até que ponto está realmente preparado para o mercado de trabalho. O hábito de avaliar o próprio desempenho e a maneira como estamos conduzindo nossas vidas deveria ser uma constante; todavia, a rotina nos consome de tal forma que não conseguimos verificar de que maneira cada um de nós tem feito suas escolhas pessoais e profissionais.

Alguns de nós reservamos um pequeno tempo em ocasiões especiais como aniversário ou *Réveillon* para repensar a vida, fazer projetos para o ano seguinte. No entanto, muitos deles acabam não passando de um tratado de boas intenções, uma vez que não há comprometimento pessoal com o que foi dito ou prometido.

Avaliando o seu nível de empregabilidade, é possível repensar novos rumos para sua carreira ou até para aspectos de sua vida pessoal. Sugiro que você anote as respostas para que possa avaliá-las mais tarde e checar o quanto tem progredido nesse diagnóstico. Também é aconselhável ser o mais honesto possível, uma vez que este questionário é pessoal, não será mostrado a ninguém, e não é razoável enganar a si mesmo, concorda?

O questionário a seguir é de autoria de José Augusto Minarelli. Se você deseja obter mais informações, aprofundando-se no tema, leia o livro "Empregabilidade – O Caminho das Pedras", Ed. Gente. As perguntas estão divididas de acordo com os pilares da empregabilidade, apresentados anteriormente.

Adequação vocacional

- Qual é o seu grande sonho profissional ainda não realizado? Você tem esperança de conseguir realizá-lo? O que falta? Você está satisfeito com a sua profissão ou ocupação atual?
- Se tivesse oportunidade, trocaria de profissão ou ocupação? O que gostaria de fazer? Por quê?
- Que profissionais você admira? Por quê?
- Você está feliz com a sua carreira? E com a sua vida? Por quê?
- Consegue conciliar bem sua vida e carreira? O que precisa melhorar?
- De que fatos ou situações em sua carreira você se orgulha? Descreva.
- Qual o melhor momento da sua carreira? Por quê?
- Você está satisfeito com o seu cargo e com o seu salário? O que o incomoda? Fez alguma reivindicação recentemente ao seu empregador? De que tipo? A resposta foi favorável?
- Você se sente capaz de vender algo? Já tentou vender alguma coisa? Como foi essa experiência?
- Você se considera empreendedor? Em caso afirmativo, anote fatos ou informações que sustentem essa opinião.
- Você cuida do seu marketing pessoal? Que tipo de atividades desenvolve e com que frequência?
- Você se expressa com facilidade? Gosta de escrever? Tem algum texto publicado? Redige com correção gramatical? Anote toda sua produção intelectual, qualquer que tenha sido.
- Já concorreu a algum cargo? Espontaneamente ou "empurrado(a)?" Foi "eleito"? Saiu-se bem na disputa? Anote como fez a "campanha".

Competência Profissional

- Você é, de fato, um profissional competente? Em que você é realmente bom? Que contribuições ou benefícios você pode proporcionar a um empregador ou cliente?
- Caso a sua ocupação atual deixe de existir, que outra você se sente habilitado a desempenhar?
- Propôs alguma mudança ou inovação significativa em seu trabalho atual?

A sugestão foi aceita e implantada? Descreva a proposta e os resultados.
- Quais as realizações mais expressivas que você teve em sua carreira?
- Há quanto tempo você está no seu emprego atual? Teve chance de mudar? Por que não mudou?
- Você foi promovido nos últimos 12 meses? Teve algum aumento salarial por merecimento? Por quê?
- Seu desempenho foi avaliado no período? Qual foi o resultado? Você ficou satisfeito ou se sentiu injustiçado? Que providências tomou?
- Você está sendo preparado para alguma promoção? Qual? Há quanto tempo? Por quê?
- Sua carreira está estabilizada, em ascensão ou em declínio? Por quê?
- A empresa em que você trabalha tem um Plano de Carreira? Você o conhece? Você está incluído nele?
- Você tem um projeto próprio de carreira? Descreva-o. Está bastante empenhado na realização deste plano?
- O que você, efetivamente, fez pela sua carreira no último ano? Anote tudo.
- Tem recebido convites para participar de reuniões ou projetos importantes na empresa?
- Tem projetos pessoais? Quais? E sonhos? Anote-os.
- A empresa passou ou está passando por algum tipo de reorganização, reengenharia ou *downsizing*? Você foi afetado de alguma maneira? Existe algum risco de perder o emprego? E daí?
- O seu cargo é realmente importante para os resultados da empresa? Se ele for suprimido de repente, o que poderá acontecer à empresa?
- Frequentou algum curso de treinamento, desenvolvimento ou atualização no período? Quais? Quem decidiu? Quem patrocinou? Qual foi a utilidade para você?
- Qual o seu nível de familiaridade com os recursos da microinformática? Você sabe manejar um microcomputador ou *notebook*? Que programas utiliza? E os demais recursos tecnológicos? Quais usa?
- Domina outro idioma além do português? Quais? Qual o seu nível de conhecimento da língua? Você é fluente?
- Como está sua cultura geral? Você se considera informado e atualizado?

Consegue conversar sobre assuntos aleatórios ao seu trabalho? Com que regularidade e de que modo você atualiza a sua cultura geral?
- Você tem o hábito de ler? Quais foram os livros que leu nos últimos doze meses? Escreva os títulos. Está satisfeito com o seu volume de leitura? Por quê?
- Como se informa sobre os últimos acontecimentos do país e do mundo? Lê jornais diariamente? Quais? Qual sessão prefere? Ouve noticiários do rádio? Quais? Lê revistas? Quais?
- Como vai o seu interesse pela literatura técnica ou correlata à sua ocupação atual e aos seus projetos futuros?
- Você se considera bem informado, razoavelmente informado ou pouco informado?
- Quanto dinheiro você investiu no seu próprio treinamento? Anote os eventos, os respectivos custos e some. O investimento foi expressivo?

Idoneidade

- Você já foi sondado para facilitar concorrências ou contratos em troca de benefícios pessoais? Como reagiu? Vacilou ou não? Por quê?
- Todo homem tem seu preço (em dinheiro, jóias, imóveis, benefícios, mordomia etc.). Você concorda? Qual é o seu preço?
- Acredita que existam pessoas incorruptíveis? Acha que honestidade é uma característica romântica e ingênua ou uma qualidade moral?
- Quem defende a honestidade, na sua opinião, corre o risco de perder bons negócios ou o próprio emprego? Por quê?
- Você contrataria um "mala preta" (trata-se de um especialista em comprar o homem certo na hora certa) se fosse diretor de uma empresa? Por quê?
- Como será o futuro? Você acha que a impunidade um dia vai ter fim ou prevalecerá? Por quê?
- A empresa em que você trabalha tem reputação idônea ou duvidosa no mercado?

Saúde física e mental

- Como vai a sua saúde geral? Que tipo de queixas você tem? Você se automedica? Já pensou em consultar um especialista?

- Há quanto tempo você não vai ao médico? Já fez algum *check-up*? Quando foi a sua última consulta? Qual o motivo?
- A empresa em que trabalha pede que se submeta a uma revisão periódica de saúde?
- Nos últimos 12 meses, você fez exames para dosar o colesterol? Sabe qual é a principal causa de doenças coronarianas e de muitas mortes súbitas? Lembra-se de algum caso motivado pelo colesterol? Qual?
- Você sabe se os seus pais ou avós tiveram problemas cardiovasculares ou outros males relacionados à hereditariedade?
- Você não dispensa uma *happy hour* e quase sempre volta para casa com a impressão de que podia ter bebido menos? Ou você é do tipo que acha que foi a azeitona que fez mal?
- Como está seu peso?
- E a disposição física, como anda? Acorda bem disposto ou cansado? A "pilha" dura até o final do dia?
- E a libido, como vai? Você está satisfeito com o seu desempenho sexual? O seu cônjuge está satisfeito com você neste aspecto?
- Pratica algum esporte ou qualquer tipo de atividade física, como caminhada e exercícios? Na academia ou em casa? Com orientação técnica? Qual é a frequência? E a sua mulher (ou marido)?
- Você tira férias regularmente ou acha que não há motivo se não está cansado? Quando tirou suas últimas férias? Como você aproveitou esse período?
- Você já teve estresse ou esteve próximo da estafa? Por causa do trabalho? Quando e como?
- Você fica ansioso longe do trabalho? Seus familiares reclamam do seu humor em casa? Descreva.
- Costuma ficar muito ansioso em momentos de decisão? Que sensações tem? Chega a perceber alterações de comportamento? Descreva.
- Como você se comporta em situações de conflito? Consegue controlar-se, fica retraído ou torna-se agressivo? Descreva.
- Tem pensamentos recorrentes? Já perdeu noites de sono imaginando que alguém trama permanentemente algo contra você?

- Convive bem com a ideia do sucesso ou ela lhe parece distante demais? Por quê?
- Você acredita que muito riso pode ser prenúncio de grandes tristezas? Por quê? Existe alguma justificativa convincente?
- Você sente tensão, angústia ou desconforto com o seu trabalho atual? O tempo todo ou só em algumas situações? Quais?
- Irrita-se com facilidade, a ponto de perder os bons modos? Costuma desculpar-se quando exagera? Acha que às vezes é injusto com as pessoas? Com que frequência isso acontece?
- Além de trabalhar, quais as suas outras atividades? O que você faz regularmente?
- De quanto tempo você dispõe para:
    – Ficar sozinho e refletir?
    – Sair, namorar, fazer um programa diferente com o seu cônjuge?
    – Brincar e conversar com seus filhos?
    – Encontrar amigos ou telefonar para eles?
    – Participar de atividades comunitárias?
    – Ler, ouvir música, assistir a um bom filme, visitar um museu, caminhar despreocupadamente?
- Como está sua autoestima? Você aprova suas atitudes e seus comportamentos? Você se gosta? Descreva a sensação.
- O que você sente quando se olha no espelho? Gosta da imagem que vê? O que mudaria?

Reserva financeira e fontes alternativas:

- Você desenvolve alguma ocupação paralela ao seu emprego atual, remunerada ou não? É síndico, professor, faz "bicos", presta algum serviço, compra e vende terrenos, administra as finanças da família, ajuda o cônjuge na profissão dele?
- Se perder o emprego de uma hora para a outra, sua ocupação paralela pode expandir-se com maior dedicação de seu tempo? E a receita, poderá cobrir as suas necessidades básicas?

- Possui algum projeto concreto ou alguma ideia para montar um negócio próprio? Qual? Considera-o viável? Já começou a executá-lo?
- Sua mulher (ou marido) tem alguma atividade rentável? Possui habilidades que possam vir a gerar rendimentos?
- Tem alguma reserva financeira de contingência? Na falta do emprego, durante quantos meses conseguiria viver com suas próprias economias?
- Recebe alguma renda extra (aluguéis, aplicações)? Qual é o valor? Conseguiria sobreviver apenas com esse rendimento?

Relacionamentos

- Qual é a amplitude dos seus relacionamentos? Seu rol de contatos é grande e diversificado?
- Você cultiva os seus relacionamentos? De que maneira? Visita, telefona, escreve, cumprimenta em datas comemorativas, como aniversário, eventos religiosos, fim de ano etc.?
- Você é sócio ou membro de clube, associação, irmandade, sindicato, partido? Quais? É membro ativo? Frequenta regularmente as reuniões e os eventos?
- Em caso de dificuldades pessoais ou profissionais, com quantas e quais pessoas você pode contar? Você se abre com essas pessoas?
- Você vive cansado e dispensa oportunidades de encontro para voltar mais cedo para casa?
- Tem boa memória? Mantém um registro organizado dos seus relacionamentos? Guarda cartões de visita, listagens e agendas em geral? Anota a ocasião, a data e o assunto de cada encontro?
- Tem saído de casa para eventos sociais, culturais, esportivos, artísticos ou religiosos? Quais?
- Você já foi convidado para tornar-se sócio de algum empreendimento? Quem convidou? Você seria o sócio capitalista ou entraria com o trabalho?
- E para ser seu sócio, já convidou alguém? Para que tipo de negócio? Quem? Qual foi a reação da pessoa em questão? E o *status* da situação?
- Qual foi o último convite que recebeu para mudar de emprego? Algum *headhunter* abordou você? Seu currículo está atualizado?

- Você conhece a competência dos seus amigos a ponto de recomendá-los com segurança para cargos ou trabalhos importantes?
- Já foi recomendado para algum emprego ou trabalho? Quem o recomendou? Qual o relacionamento que você tem com quem o apresentou? Deu notícias? Agradeceu?

Com base no questionário com os Atributos da Empregabilidade e no *Check-up* de sua vida pessoal e profissional, procure, agora, listar quais são seus pontos fortes, ou seja, os aspectos facilitadores para a construção de seu futuro de sucesso, e quais são seus pontos fracos ou aspectos que precisam ser melhorados pessoal e profissionalmente.

A seguir, faça uma revisão do seu Plano de Desenvolvimento Individual, avaliando a distância que existe entre o que você sonha para o seu futuro e como realmente sente-se preparado.

Antes de decidir aonde quer chegar, é importante saber em que ponto da caminhada você se encontra, para medir as distâncias e preparar-se para a jornada.

A essência da Maestria Pessoal está em gerar e manter **tensão criativa** em nossas vidas, ou seja, a distância entre o que desejamos e onde estamos em relação ao que desejamos.

E é exatamente a tensão criativa que nos impulsiona para a ação; porém, existem emoções negativas que podem surgir durante esse processo. A isso chamamos de **tensão emocional**. Muitas vezes, para escapar da tensão emocional, que é altamente indesejada, desistimos da nossa visão, dos planos de futuro.

Abrimos mão dos ideais por não saber lidar com a tensão emocional. Quando, por outro lado, utilizamos a energia gerada pela tensão criativa, ela se transforma em uma força impulsionadora de nossas ações rumo à visão. Para que isso ocorra, os objetivos precisam estar claramente definidos, assim como o propósito que está por trás deles. E, acima de tudo, você precisa conhecer seu ponto de partida, os aspectos que o favorecem e os que dificultam a sua jornada.

Utilize o quadro a seguir para registrar tais aspectos.

PONTOS FORTES	PONTOS FRACOS

Capítulo 7

Estabelecimento de Objetivos

PARA PENSAR EM SEUS OBJETIVOS DE FUTURO, É IMPORTANTE, PRIMEIRO, CRIAR UMA IMAGEM, A VISÃO DE SEU FUTURO. Isso porque, todas as coisas existentes à sua volta aconteceram primeiro no pensamento de alguém. Covey, ao se referir ao hábito, "comece com um objetivo sempre em mente", afirma que todas as coisas são criadas duas vezes. Há uma criação mental ou inicial e, somente depois, uma criação física ou segunda criação.

Existe um provérbio popular que diz o seguinte: "Plante um pensamento, colha uma ação; plante uma ação, colha um hábito; plante um hábito, colha um caráter; plante um caráter, colha um destino". Observe:

PENSAMENTO
⬇
SENTIMENTO
⬇
AÇÃO
⬇
HÁBITO
⬇
CARÁTER
⬇
DESTINO

Tudo inicia pelos pensamentos. Nada existe em seu território que não tenho sido representado, antes, no mapa mental de alguém. Pensamentos (conscientes ou não) geram sentimentos, que, por sua vez, possuem o poder de impulsioná-lo para a ação. Ações repetidas, muitas vezes, transformam-se em hábitos que são difíceis de mudar, pois se instalam gradativamente, porém com raízes profundas. Aristóteles afirma que "somos o que repetidamente fazemos". Isso significa que os hábitos definem quem você é, o seu caráter. E finalmente o caráter determina o seu destino.

Então, se você está descontente com a forma como as coisas estão acontecendo em sua vida, em vez de culpar a má sorte, experimente mudar as suas escolhas, as suas atitudes. E lembre-se de que, para ocorrer uma verdadeira mudança, e não simplesmente um processo de ajuste ou adaptação, ela precisa acontecer onde tudo se inicia, ou seja, no pensamento.

Você é o que você pensa. Divirto-me quando ouço alguém fazendo o seguinte comentário: "Eu vivo pensando em sacanagens, falando coisas libidinosas, mas, na realidade, é só da boca para fora, pois a minha alma é pura como a de um bebê". Não existe isso! Seus pensamentos definem quem é você.

O pesquisador japonês Masaru Emoto, autor do livro "A Mensagem da Água", relata as descobertas da pesquisa mundial que realizou. Suas conclusões evidenciam o poder que as energias vibracionais humanas, sejam elas pensamentos, palavras ou mesmo músicas, afetam a estrutura molecular da água. Emoto documentou essas mudanças por meio de técnicas fotográficas; congelou gotas de água, examinou-as sob um microscópio e fotografou-as. Experimentou submeter amostras diferentes de água a diversos estilos de música, palavras de amor e ódio, congelando-as posteriormente. Ao observar os desenhos nos cristais que as moléculas de água formaram, constatou que palavras de amor, incentivo, harmonia, positivismo, bem como música clássica, geram cristais com desenhos harmoniosos. Já palavras de ódio, vingança, destruição e música *heavy metal* produzem formações grotescas.

Acontece que mais de 70% do corpo humano são compostos por água. Imagine, então, o que os estímulos externos e de seus pensamentos podem causar em você! Podemos gerar saúde ou doença, prosperidade ou fracasso, alegria ou tristeza a partir dos pensamentos que escolhemos para o nosso cotidiano.

Sendo assim, definir metas e objetivos é colocar o pensamento em ação de maneira focada e com o foco ajustado na direção certa.

"Quem não tem metas e objetivos, não sabe aonde quer chegar; está à deriva, sem controlar o próprio leme da vida."

O exercício a seguir vai ajudá-lo a criar uma adequada visão de futuro. Imagine sua vida sendo exatamente do jeito que você deseja, em todos os aspectos e diversas áreas. Como ela seria?

Agora descreva como você vê a si mesmo dentro de cinco anos. Enumere quantas coisas puder e seja o mais específico possível, abordando todos os aspectos de sua vida. Procure responder às perguntas em tempo presente, como se já fossem uma realidade.

A neurociência nos mostra que o cérebro é incapaz de diferenciar o real do imaginário. Entre as descobertas científicas que comprovam isso, está a que revela áreas do cérebro que se iluminam quando observamos um objeto qualquer. Se fecharmos os olhos e imaginarmos o mesmo objeto, a mesma área do cérebro será acionada. O doutor em medicina quiroprática pela Life University, na Georgia, Joe Dispenza, diz ter chegado à conclusão de que o cérebro não diferencia o que acontece dentro e fora da mente, o que é real ou imaginário.

Você já passou pela experiência de assistir a um filme de suspense e perceber que suas mãos estão suando, seu coração está acelerado e as pupilas dilatadas? Isso ocorre porque todo o seu corpo está em estado de alerta. Ou já assistiu a um drama e chorou descontroladamente como se a vida do personagem fosse sua? Por que tudo isso se é apenas um filme? De novo, a mesma resposta: sua mente não diferencia o real do imaginário. Podemos inventar a realidade diante dos nossos olhos. Então, aproveite bem o espaço na página seguinte para criar o cenário onde você quer passar o seu futuro, e desde já o trate como presente.

Mais um detalhe: se você é daquelas pessoas que acha muito chato parar a leitura de um livro para responder ao exercício, antes de pular as próximas páginas, é importante saber que a neurociência descobriu que, uma vez registrados os objetivos, sua mente aumenta em até 60% a capacidade de torná-los realidade. Então, mãos à obra!

Autoimagem: se você fosse exatamente o tipo de pessoa que queria, quais seriam suas qualidades em termos de características de personalidade?
_____
_____
_____
_____

Bens tangíveis: que coisas materiais você gostaria de possuir?
_____
_____
_____
_____

Lar: qual é o seu ambiente de moradia ideal?
_____
_____
_____
_____

Saúde: qual é o seu desejo em termos de saúde, aptidão e características físicas, atletismo, e qualquer outra coisa a ver com o seu corpo?
_____
_____
_____
_____

Relações: que tipo de relações você gostaria de ter com amigos, familiares e outros?
_____
_____
_____
_____

Trabalho: qual é a sua situação ideal em termos de profissão ou vocação? Que impacto você gostaria que seus esforços tivessem?
___
___
___
___
___

Projetos pessoais: o que você gostaria de criar na arena do aprendizado individual, de viagens, leituras ou outras atividades?
___
___
___
___
___

Comunidade: qual é a sua visão para a comunidade ou sociedade na qual vive?
___
___
___
___

Outros: que mais, em qualquer outra área da sua vida, você gostaria de criar?
___
___
___
___
___

Propósito de vida: imagine que sua vida tem um propósito único – realizado por meio do que você faz, das suas relações e do modo como vive. Descreva esse propósito, como outra reflexão das suas aspirações.
___
___
___
___
___

Muito bem. Você acaba de criar, de uma maneira bastante completa uma visão sobre o seu futuro. Agora, é hora de começar a trabalhar para fazer desta visão uma realidade.

Traçando seus objetivos de carreira

Tendo refletido sobre sua posição atual, seus interesses, seu propósito de vida, sua carreira, você tem agora condições de estabelecer o que chamaremos de "objetivos de carreira/desenvolvimento".

Tais objetivos são marcos que expressam desejos e posições que você busca para si próprio e têm como desafio a aspiração de realizá-los.

Para defini-los, observe o seguinte:
- Os objetivos deverão ser poucos.
- Você poderá começar pelo objetivo do próximo ano ou do final de carreira, não importa.

Defina-os de tal maneira que sejam facilmente verificáveis ao longo do tempo. Possíveis desvios servirão de base para retificações no seu Plano de Desenvolvimento Individual.

OBSERVE QUE O OBJETIVO DEVE
- Ser descrito de maneira que você saiba quando o alcançou.
- Ser formulado de forma clara.
- Ser realístico.
- Ser desafiante.
- Valer a pena.

Vamos refletir sobre cada um dos itens abaixo:

- **Ser descrito de maneira que você saiba quando o alcançou:** é importante que seu objetivo seja mensurável. Se você colocar como objetivo, por exemplo, ser mais feliz, de que forma saberá quando e se o alcançou? Procure descobrir uma maneira de quantificar seu objetivo definindo itens de controle que permitam avaliar o quanto está fazendo progressos.
- **Ser formulado de forma clara:** escreva seu objetivo e depois leia e avalie se está compreensível, fácil de entender aonde está querendo chegar. Vale a pena pedir para um amigo ler e falar o que entendeu de seu objetivo; se estiver claro, ele compreenderá.
- **Ser realístico:** se você me disser que pretende adquirir, até o final do ano, um apartamento de cobertura na praia de Ipanema, no Rio de Janeiro, embora ainda não tenha nenhum dinheiro reservado para este fim, eu vou lhe perguntar se seu salário é superior a R$30.000,00 para assumir um financiamento ou se está prestes a receber uma grande herança. Se as duas respostas forem negativas, é bastante possível que tenha traçado um objetivo que não condiz com sua realidade atual.
- **Ser desafiante:** por outro lado, pense grande ao traçar objetivos. Mire as suas metas na Lua, pois, se errar, no mínimo seu tiro estará entre as estrelas. Não há sentido em traçar objetivos sabendo que naturalmente, sem exigir qualquer esforço extra de sua parte, já vão acontecer. É fundamental que seus objetivos exijam empenho, vontade, dedicação e determinação.
- **Valer a pena:** com certeza, obstáculos aparecerão em sua trajetória. A diferença entre o vitorioso e o fracassado é muito pequena. Ambos tiveram sonhos, traçaram objetivos, encontraram obstáculos; a diferença é que o fracassado desistiu antes! Se a sua alma e seu coração, não estão juntos com o seu objetivo, no primeiro entrave você desistirá, mas se a causa é daquelas pelas quais vale a pena lutar, com certeza, aparecerão forças para seguir adiante rumo ao seu sucesso.

Capítulo 8

Plano de Ação para Alcance dos Objetivos

VEJAMOS DE QUE FORMA CAMINHAMOS ATÉ AGORA. VOCÊ JÁ TEVE OPORTUNIDADE DE REFLETIR SOBRE O SEU PROPÓSITO DE VIDA, O QUE DESEJA PARA O SEU FUTURO, AONDE PRETENDE CHEGAR. Também já avaliou suas atuais competências, seus pontos fortes e fracos, identificando qual a distância que precisa ser percorrida até chegar ao futuro de sucesso que deseja.

Com essa visão mais ampliada sobre os seus limites de atuação, reveja os exercícios, avaliando, cuidadosamente, onde se situa diante das competências e das atitudes necessárias para a função que ocupa ou que almeja.

Diminuir a distância entre seu perfil atual e o perfil desejado deverá ser o principal objetivo de seu Plano de Desenvolvimento Individual. Para tanto, sugerimos que o seu planejamento cubra ao menos as áreas de sua vida ilustradas na Figura 1.

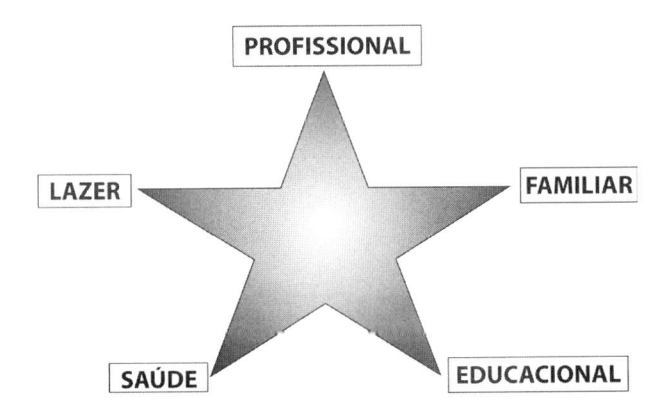

Figura 1 – Áreas de sua vida.

Na área profissional, relacione atividades que impliquem visitas técnicas, estágios, trabalhos temporários, rodízios etc. Você também pode anotar o cargo que pretende alcançar, a nova atividade que deseja exercer, o conhecimento que pretende adquirir.

Na área familiar, coloque os projetos que possui de casamento, chegada de filhos, aquisição de casa própria, compra do carro, mudança de cidade e assim por diante.

Já na área educacional, relacione atividades de leitura, participação em cursos de graduação, especialização, aperfeiçoamento, seminários, domínio de língua estrangeira, viagem com finalidade de estudo, entre outros.

No que se refere à saúde, relacione atividades ligadas a esportes, cuidados com alimentação, peso ideal, *check-up*, e outros objetivos que se fizerem necessários.

Finalmente, no lazer, pense em *hobbies*, viagens, oportunidades para convívio familiar e social, desenvolvimento de novas relações etc.

Todavia, de nada adianta definir objetivos para as diversas áreas da vida se eles não forem adequadamente encaminhados rumo à concretização. Você só conseguirá isso com o auxílio de Metas.

Defina suas metas

Muitas pessoas confundem o conceito de metas com objetivos e cabe aqui uma diferenciação. Os objetivos são mais amplos, mais genéricos, são alvos a serem atingidos. Já as metas são as ações necessárias para que você atinja seus objetivos. Assim, se o seu objetivo é, por exemplo, dominar a língua inglesa com fluência, você pode definir como meta morar um tempo em Londres, Inglaterra; matricular-se em um curso de inglês; assistir a filmes sem legenda, entre tantos outros caminhos.

Objetivos definem um fim e não um meio. Metas identificam *performances* a serem alcançadas, podem ser medidas ao longo do tempo e claramente podem ser quantificadas. Uma lista de metas realistas e mensuráveis permite a realização de seus objetivos.

É como se você estivesse afunilando o pensamento, dividindo-o em partes menores, para que possa ser efetivado. Começamos buscando a direção (analisando quem você é, missão, visão, propósito de vida e valores), avançamos descobrindo o caminho (avaliação de suas competências e capacidades, pontos fortes e fracos) e, agora, estamos concentrando nossas forças para acertar no alvo (traçando objetivos, subdividindo-o em pequenas metas).

Para avaliar se uma meta está específica o suficiente para permitir partir para a ação, procure listar as *performances* que a identificam, isto é, quando alguém está realizando esta meta, que ações identificam que ela está, de fato, fazendo isso? Quais são os resultados visíveis que comprovam que realmente ela alcançou a meta? Se não for possível medir e quantificar, você jamais saberá se está progredindo rumo aos seus objetivos, e corre o risco de começar a caminhar em círculos, tal qual alguém que está perdido em uma floresta. As metas dão as marcações ao longo do caminho.

Escolha a estratégia

Continuando o exercício de aproximar o *zoom* rumo à realização de seus objetivos, uma vez traçadas as metas, o próximo passo é a definição da estratégia mais adequada. A estratégia indica qual o melhor caminho a ser escolhido para chegar à meta.

As metas e os objetivos definem aonde se pretende chegar, mas não diz como fazê-lo; são as estratégias que traçam o que podemos chamar de submetas, definem os recursos necessários, anteveem obstáculos e/ou oportunidades e apontam caminhos alternativos.

Uma estratégia bem construída avalia as questões descritas a seguir:

Fatores internos: aptidões, habilidades e deficiências que você possui para operacionalizar a meta traçada por meio daquele caminho escolhido.

Fatores externos: oportunidades e ameaças que o ambiente oferece neste momento de acordo com a estratégia adotada. Avalie os prós e os contras, comparando-os com seus pontos fortes e fracos, a fim de escolher a melhor direção.

Questões críticas: talvez existam obstáculos no caminho que inviabilizem a opção por determinada estratégia; nesse caso, faz-se necessário pensar em estratégias alternativas.

Lembre-se de que estamos falando em construir uma trilha e não um trilho. É evidente que, no meio do caminho, surpresas, questões não previstas, por melhor que tenha sido feito seu planejamento, aparecerão. Cabe a você ter a flexibilidade necessária para adequar seu planejamento à contingência, sem achar que precisa abortar, por completo, seus planos iniciais.

Providencie os Recursos

Se a jornada vai começar, você precisa certificar-se de que está devidamente preparado, ou seja, para alcançar seus objetivos, através da concretização de suas metas e da estratégia escolhida, de que recursos necessita?

É hora de fazer um levantamento das pessoas, das empresas ou mesmo das organizações que podem prestar algum tipo de auxílio. Também cabe aqui avaliar quanto tempo será despendido, que tipo de materiais, conhecimentos e aptidões utilizará. Talvez precise de recursos financeiros que deverão estar disponíveis no momento oportuno.

Antever os recursos necessários propicia que seu planejamento continue caminhando sem dispêndio de energia do foco principal.

Suficiente x mais do que suficiente

Trabalhe com o conceito de **super-reservas**, que significa acostumar-se a ter mais do que necessita. Imprevistos acontecem que desgastam sua energia porque provocam uma ruptura no fluxo normal do andamento de seu planejamento. Imagine o seguinte exemplo: você está concluindo um relatório para entregar ao seu chefe e, quando chega na fase de impressão, descobre que a folha A4 acabou. Como não possui super-reserva em casa, precisa parar a atividade, pegar o seu carro e ir até uma papelaria para comprar a folha. Veja quanto tempo perdido; quanta energia sendo desperdiçada desnecessariamente! Quando existe super-reserva, a paz mental é preservada, permitindo que tudo flua conforme o previsto. Cultive a lei da abundância e não a da escassez porque é isso que vai pautar a sua vida.

"Ter mais do que você precisa é um dos elementos mais poderosos para atrair sucesso. É mais fácil atrair algo quando você não é carente dele. Ter suas necessidades mais do que satisfeitas diminui estresse. Ter necessidades insatisfeitas faz as pessoas carentes e carência não cria poder de atração positiva."

Rhandy Di Stéfano – Integrated Coaching Institute

Talvez você já tenha passado pela situação de ficar sem combustível e precisar pedir auxílio para chegar ao posto de gasolina mais próximo. Como é a experiência? Ou é possível que você já tenha perdido um compromisso importante, uma consulta médica, ou até uma viagem, por chegar atrasado. Se você já passou por isso, sabe o quanto é desagradável lembrar que um pouquinho mais de cuidado teria evitado tantos aborrecimentos...

Tenha super-reservas inclusive de tempo, para evitar situações que possam prejudicá-lo irremediavelmente. Imagine alguém que está indo para uma entrevista de emprego, com hora marcada. Sai de casa com o tempo justo para chegar lá, mas pega um congestionamento no trânsito. Provavelmente, esta pessoa já começará a sofrer antes mesmo de chegar ao seu destino, e, ainda que recupere o tempo perdido e consiga cumprir o horário previsto para a entrevista, não mais estará centrada, equilibrada, o que irá prejudicar os resultados desejados pela impressão que provocará no selecionador.

Checando suas super-reservas

As perguntas a seguir permitirão que você avalie como estão suas super-reservas em diversos segmentos de sua vida.

- **Casa:** eu tenho mais espaço no meu guarda-roupa, gavetas, cômodos da casa do que eu preciso?
- **Sono:** eu tenho mais horas de sono do que eu preciso?
- **Tempo livre:** eu tenho mais tempo livre do que eu preciso?
- **Finanças:** eu tenho mais dinheiro do que preciso? Eu tenho mais dinheiro em casa do que necessito?
- **Carro:** eu tenho mais gasolina do que preciso para o percurso que vou fazer?
- **Seguros:** eu tenho mais seguros do que eu preciso?
- **Relacionamentos:** eu tenho mais amor, carinho e respeito do que eu preciso? Eu tenho mais amigos do que eu necessito?

- **Toque físico:** eu recebo mais toque físico do que eu preciso? E abraços?
- **Elogios:** eu tenho mais elogios diários do que eu preciso?
- **Proteção pessoal**: eu tenho mais cópias de chaves do que eu preciso?

Se você verdadeiramente está conseguindo manter super-reservas nas diversas áreas de sua vida, as respostas às perguntas anteriores deverão ter sido todas positivas.

Agora, é hora de começar a sistematizar os próximos objetivos que pretende alcançar. No formulário a seguir escolha um objetivo para cada área de sua vida (profissional, familiar, educacional, saúde e lazer). Depois, defina, no mínimo, quatro metas que lhe ajudarão a concretizar o objetivo escolhido. Depois opte pela data, a estratégia e ser utilizada e liste os recursos dos quais necessitará.

Lembre-se de que anotar é importante. Quando você registra, potencializa a possibilidade de realização porque dá foco para o seu cérebro, canalizando sua atenção, percepção, para as oportunidades que ocorrerem à sua volta. Além disso, evita desperdiçar energia com outros objetivos menos relevantes, ou distrações.

A seguir, vamos auxiliá-lo a construir seus objetivos passo a passo.

Formulação de objetivos

1. "Eu quero _____
_____."

Caminhe em direção ao que você deseja. Afirme o que quer e nunca o que não quer. O cérebro não registra a palavra "Não". Quer ver? Não pense em uma maçã bem vermelhinha! No que você pensou? Na maçã vermelha? Isso ocorre porque, para não pensar na maçã vermelha, você precisa, primeiro, localizar no seu banco de memória a maçã vermelha para saber no que não deve pensar e aí é tarde demais porque já pensou! Então, construa a frase com o que você quer. Seja proativo.

2. Com quem, onde, quando você quer isso?

Seja específico, detalhe o máximo possível. Quais as pessoas envolvidas? Em qual local? Qual a data exata?

3. Como você vai obter o que quer?

Anote suas metas, elabore estratégias detalhadas, liste os recursos necessários, procurando avaliar todas as possibilidades.

4. Quando tiver alcançado o seu objetivo, o que você verá, ouvirá e sentirá?

Crie a cena em seu mapa mental, com a maior riqueza de detalhes possível. Vivencie as emoções e as sensações associadas à realização daquele objetivo para que se torne real para você. Lembre-se: a mente não diferencia o real do imaginário!

5. Você já possui todos os recursos internos e externos de que precisa para alcançar o seu objetivo?

Liste todos os recursos pessoais, sejam eles crenças, habilidades ou comportamentos. Se constatar que não possui algum deles, estabeleça um objetivo auxiliar para obter o que falta, para depois voltar ao objetivo principal.

6. O seu objetivo tem o tamanho certo?

Precisa ser realístico, porém desafiante. Se for muito grande, divida-o em partes. Se for muito pequeno, associe-o a um objetivo maior.

7. Você está preparado para as consequências?

O seu objetivo afeta outras pessoas? Ao alcançá-lo, quais serão as consequências? Elas estarão em harmonia com você e com o todo? Cuide da ecologia de seu objetivo.

8. Dê o primeiro passo ou você nunca chegará lá.

OBJETIVO 1: _____ _____ _____ Área: Profissional	Metas 1. 2. 3. 4.	Cronograma	Estratégia	Recursos
OBJETIVO 2: _____ _____ _____ Área: Familiar	Metas 1. 2. 3. 4.	Cronograma	Estratégia	Recursos
OBJETIVO 3: _____ _____ _____ Área: Educacional	Metas 1. 2. 3. 4.	Cronograma	Estratégia	Recursos
OBJETIVO 4: _____ _____ _____ Área: Saúde	Metas 1. 2. 3. 4.	Cronograma	Estratégia	Recursos
OBJETIVO 5: _____ _____ _____ Área: Lazer	Metas 1. 2. 3. 4.	Cronograma	Estratégia	Recursos

Capítulo 9

Análise do Campo de Forças

A ANÁLISE DE CAMPO DE FORÇAS É UMA TÉCNICA DE DIAGNÓSTICO DESENVOLVIDA POR KURT LEWIN, UM DOS PIONEIROS DAS CIÊNCIAS SOCIAIS. Lewin afirma que, em qualquer situação, existem forças – crenças, expectativas, normas culturais etc. – que promovem e inibem (restringem) qualquer mudança em curso.

Ao nos defrontarmos com uma situação, podemos concebê-la como um campo de forças atuando em direções opostas. Essas forças podem determinar o êxito ou o insucesso diante de um problema, de um plano etc.

Em seu Plano de Desenvolvimento Individual, essas forças estarão presentes e atuando o tempo todo. Sabendo disso, é possível fazer um exercício de antever as consequências, sejam positivas, sejam negativas, a fim de neutralizar as que podem prejudicá-lo e potencializar a atuação daquelas que lhe favorecem.

É como se você pudesse prever as variáveis de seu planejamento, deixando o Plano B, C e D engatilhados para entrar em ação se necessário, de maneira que não prejudique seus prazos previstos ou os resultados desejados.

Assim sendo, estamos propondo uma reflexão sobre as forças que possam incidir sobre o seu Plano de Desenvolvimento de modo a gerenciá-las favoravelmente.

Identifique e liste as forças ou os fatores que poderão determinar o sucesso ou o insucesso de seu Plano e crie alternativas para solução.

OBJETIVO	Forças/Fatores de Sucesso	Como Maximizá-los
1.		
2.		
3.		
4.		
5.		

OBJETIVO	Forças/Fatores de Insucesso	Como Minimizá-los
1.		
2.		
3.		
4.		
5.		

Capítulo 10

Recolocando-se no Mercado de Trabalho

DURANTE A CONSTRUÇÃO DO SEU PLANO DE DESENVOLVIMENTO INDIVIDUAL, AO AVALIAR O SEU PROPÓSITO DE VIDA, É POSSÍVEL QUE VOCÊ TENHA SE DEPARADO COM A NECESSIDADE DE MODIFICAR OS RUMOS DE SUA CARREIRA; ou talvez a decisão não tenha sido sua, mas a empresa onde trabalhava recentemente passou por realinhamento do quadro de pessoal e isso provocou sua demissão.

A questão é que você está novamente disponível no mercado e precisa preparar-se para uma outra oportunidade, de preferência bem mais interessante do que a anterior.

Se preencheu adequadamente o questionário que avalia seus atributos de empregabilidade, tem como identificar o quanto está preparado para o atual mercado de trabalho.

Entretanto, seja lá qual tenha sido o resultado de sua autoavaliação, não é momento para desespero. Uma pessoa disponível no mercado tem a seu favor o tempo livre para procurar outras oportunidades e a necessidade premente de resolver a situação. Por outro lado, pode ficar insegura com o sentido de imediatismo superaguçado, e acabar tomando uma decisão precipitada.

Costumo dizer que aceitar a primeira oportunidade de emprego que surgir na sua frente após ficar desempregado equivale a sair de um casamento e anunciar dentro de casa: "Vou agora até a porta da rua e pedirei em casamento a primeira pessoa disponível para contrair laço matrimonial que passar por ali!". A comparação é extremamente adequada se pensarmos que muitas pessoas ficam maior quantidade de anos em um mesmo emprego que em um casamento e passam mais horas acordadas em seu ambiente de trabalho que dentro de casa. Portanto, a escolha de um novo emprego ou de uma nova ocupação é coisa muito séria e precisa ser tratada como tal. Quando as novas oportunidades aparecerem, procure manter a tranquilidade e o bom senso para decidir. Com certeza, foi a primeira proposta, mas não será a última e, antes de "casar" com um novo emprego, é necessário passar pela fase do "namoro".

E agora, por onde começar?

A primeira providência é estudar o mercado para conhecer quais são as possibilidades em sua área de interesse/competência. Identifique as melhores empresas para se trabalhar em seu ramo, veja se elas estão em expansão, estude a política de benefícios para os colaboradores e o plano de carreira.

Em 2007, realizei um treinamento de preparação para retorno ao mercado de trabalho com uma equipe de colaboradores que estava sendo dispensada de sua empresa por enxugamento do quadro de pessoal. Realizamos um *brainstorming*[1] em que o objetivo era listar possibilidades a serem implementadas por aquele grupo para ampliar seus horizontes profissionais.

Em um primeiro momento, os participantes imaginavam que sua única possibilidade era procurar um novo emprego, de preferência no mesmo ramo de atuação do anterior. No entanto, com o transcorrer do exercício, perceberam muitas outras possibilidades, que serão listadas a seguir:

- Busca da autovalorização é o primeiro passo para que as portas se abram.
- Prestação de serviços em vez de procura de emprego.
- Esta deve ser uma postura constante de agora em diante, mesmo que você encontre um emprego. Haja como prestador de serviços, o que dará flexibilidade, desapego, aumentando a empregabilidade.
- Realização de cursos no Sebrae a fim de descobrir a melhor forma de montar seu próprio negócio.

---

[1] *Brainstorming* (ou "tempestade de ideias") é uma atividade desenvolvida para explorar a potencialidade criativa do indivíduo ou do grupo, colocando-a a serviço de seus objetivos. Suas quatro principais regras são: críticas são rejeitadas, criatividade é bem-vinda, quantidade é necessária e combinação e aperfeiçoamento entre as ideias precisam acontecer.

- Busque outros cursos de capacitação. Na era do conhecimento, quem para de estudar está fora do mercado.
- Informar-se sobre o ISQN/compra de nota na Prefeitura para prestar serviços sem precisar ser Pessoa Jurídica.
- Descobrir um Plano de Previdência Privada, para garantir aposentadoria.
- RH Brasil é uma companhia séria para cadastramento de vagas de emprego. É importante estar alerta para os golpistas. Outra opção é www.catho.com.br.
- Classificados de jornais, incluindo Gazeta Mercantil.
- É hora de ativar a rede de relacionamentos. Não basta enviar currículo; é interessante ter um contato na empresa que o apresente para o contratante.
- Esteja sempre com o seu cartão de visitas a mão.
- Uma boa forma de estar na vitrine são os almoços da Associação Brasileira de Recursos Humanos (ABRH), que ocorrem uma vez por mês.
- Mandar currículo para grandes empresas, que estão construindo uma história de sucesso no mercado.
- Conversar com os próprios clientes da atual empresa. Eles conhecem nosso trabalho e também precisam de pessoas especializadas.

Tive oportunidade de reencontrar cinco pessoas desse grupo de profissionais, meses depois, já recolocados no mercado. Eles relataram que a melhor coisa que lhes aconteceu foi a demissão, pois estavam acomodados em uma empresa onde o ambiente de trabalho era excelente, o salário satisfatório e, provavelmente, não tomariam a iniciativa de sair. Hoje, porém, estão em colocações melhores que a anterior.

Preparação do currículo

Para que você também tenha uma história de sucesso para contar, é importante tomar algumas providências. Uma delas é a preparação de seu currículo.

O currículo é seu passaporte para o mercado de trabalho e para o sucesso profissional. É o seu cartão de visitas! Ele chega à empresa antes de você, servindo de norteador para quem vai entrevistar. Por isso, ele precisa ser sucinto, objetivo, apenas com informações relevantes.

Se o selecionador receber um currículo enorme, cheio de informações dispensáveis e irrelevantes, provavelmente já vai formar má impressão a seu respeito, isso se não descartá-lo direto, sem ao menos dar uma olhada mais cuidadosa. Procure mantê-lo em duas páginas; três páginas já pode ser considerado extenso.

Os itens que devem constar em seu currículo estão descritos a seguir.

Dados pessoais básicos: nome; idade; estado civil; nacionalidade; endereço (Rua, nº., complemento, bairro, CEP, cidade, estado); telefone para contato.

Objetivo ou área de atuação: não deve ultrapassar uma linha. Diga o que pretende objetivamente.

Formação acadêmica: deve ser preenchido com seu nível de escolaridade, faculdade, especializações e pós-graduações, começando do maior título para o menor.

Idiomas: Não basta colocar qual idioma conhece. É preciso descrever o nível de conhecimento.

Resumo de qualificações: Verifique quais os pontos valorizados em sua função e utilize este campo para resumi-las.

Experiência profissional: empregos (citar em ordem decrescente, com data e lugares).

Principais cursos: registre, apenas, os cursos que são relevantes para a vaga que pleiteia, os que foram feitos nos últimos anos e cuja carga horária seja significativa.

Carta de apresentação

É possível que seja necessário redigir uma carta de apresentação para enviar juntamente com o currículo. E este será o espaço para mostrar quem você é, ressaltar suas experiências e suas qualidades, e como pode colaborar para crescimento daquela empresa. Cabem aqui também algumas orientações para ajudá-lo nesta missão:

- Inicie com o nome e o cargo da pessoa – ou o departamento – e o nome da empresa para a qual vai enviar a carta e termine colocando a sua assinatura.
- Fique atento para o vocabulário e o tom que vai adotar no texto, para não causar uma primeira impressão ruim. O mesmo vale para possíveis erros gramaticais.
- Redija a carta colocando características profissionais e pessoais que façam com que o leitor o considere para a posição pretendida, evitando aspectos negativos ou que não tenham relação com o cargo.
- Seja sucinto. A carta não pode passar de uma página.

A seguir, apresentamos dois modelos de currículo e uma carta de apresentação.

Modelos de currículo

LUCIA REGINA SIQUEIRA
Brasileira, Solteira, 25 anos
Av. Maria de Paula, 815 – RJ.
Telefones para contato: 21-xx89 07xx/6x3xx 02xx1.
e-mail: luciar@gmail.com

OBJETIVO: ÁREA COMERCIAL

FORMAÇÃO ACADÊMICA
Pós-graduada em Marketing – 2007
Universidade Mackenzie.
Graduada em Administração – 2004
UNIBAN – Universidade Bandeirantes.

IDIOMAS
Inglês: Avançado.
Espanhol: Básico.

RESUMO DE QUALIFICAÇÕES
- Nove anos de experiência profissional adquirida em empresas nacionais de médio e grande porte.
- Responsável pelo planejamento e negociação comercial, avaliação e qualificação de fornecedores.
- Experiência em negociação.
- Forte vivência em atendimento ao cliente interno e externo.
- Vivência em coordenar equipes multidisciplinares.
- Planejamento e negociação comercial de produtos.
- Disponibilidade para viagens.
- Usuária de Windows, Word, Excel, PowerPoint e Internet.

EXPERIÊNCIA PROFISSIONAL

1/06 a 2/08 Encatel Empresas
Vendedora

10/99 a 11/05 CIA. BRAS. DE ATACADISTAS
Coordenadora de Produção

1/97 a 8/99 TJL LTDA
Vendedora

PRINCIPAIS CURSOS
- Administração e Matemática Financeira.
- Vendas – Senac
- Negociação – Instituto de Negociação .
- Criatividade – Sebrae.

JOÃO LUIZ TEOBALDO
34 anos, brasileiro, casado
Rua do Imperador, nº 1420 – São Paulo, SP
Telefone (11) 3029-1515
e-mail: joaoteobaldo@hotmail.com

ÁREA DE ATUAÇÃO: PROJETOS

FORMAÇÃO ACADÊMICA
- Graduação em Processamento de Dados – 2005
Universidade São Marcos.

IDIOMA
- Inglês: Bons conhecimentos.

EXPERIÊNCIA PROFISSIONAL

1/2002 – Atual – Contracol S/A

Gerente de Projetos

Principais realizações:
- Gestão de Projetos;
- Experiência em implantação de projetos da área Comercial;
- Apoio à área de Negócios, envolvendo aspectos técnicos e política comercial.
- Participação ativa e direta com os clientes.
- Gerenciamento de equipes multidisciplinares.
- Participação ativa no processo de elaboração de Orçamento.
- Participação em grupo de trabalho para busca de alternativas para melhoria de *performance*.
- Desenvolvimento e implantação de programas de Treinamento.

10/99 – 11/01 – SOCIOMAX

Gerente de Projetos

Principais realizações:
- Apoio ao desenvolvimento de produtos e serviços junto à área de Negócios.
- Elaboração de metodologia para documentação de processos.
- Gerenciamento das áreas de Atendimento ao Cliente.
- Implementação de projetos de manutenção de produtos em produção.
- Homologação interna de produtos.

PRINCIPAIS CURSOS
- Ambientes de Desenvolvimento: ASP, Visual Studio, Java.
- Ferramentas de Business Object e Webtrends.
- Banco de dados: Oracle, MySQL & SQLServer.

Modelo de carta de apresentação

Prezado(a) Senhor(a),

De acordo com a indicação do Sr. Luiz dos Santos, envio meu currículo para apreciação.

Há cinco anos, atuo na área de divulgação e marketing da empresa Silva & Silva Associados, desenvolvendo trabalhos de consultoria na área educacional e também na organização de eventos em diversos segmentos empresariais.

Neste momento, busco uma efetivação no mercado, visando ao desenvolvimento de um trabalho objetivo e gerador de resultados, de forma a possibilitar crescimento qualitativo e quantitativo para os envolvidos.

Agradeço a atenção e coloco-me ao inteiro dispor para contato pessoal.

Patrícia Cordeiro

Entrevista de seleção

Você tem uma única chance de causar uma primeira boa impressão, portanto prepare-se, adequadamente, para a sua entrevista de seleção. O primeiro passo é saber que a pessoa que está entrevistando você, possivelmente, encontra-se muito bem preparada para essa missão, ou por possuir formação em psicologia ou porque já realizou tantas vezes o papel de entrevistador, que, mesmo não sendo profissional da área de Recursos Humanos, sente-se perfeitamente confortável para reconhecer quando está diante de um bom candidato para o cargo.

É primordial o autoconhecimento e o amplo conhecimento da empresa onde pretende trabalhar.

"Se você conhece o inimigo e conhece a si mesmo, não precisa temer o resultado de 100 batalhas. Se você se conhece, mas não conhece o inimigo, para cada vitória ganha sofrerá também uma derrota. Se você não conhece nem o inimigo nem a si mesmo, perderá todas as batalhas."

Sun Tzu, 544-496 a.C. – A Arte da Guerra.

É evidente que não estamos falando em uma batalha em que o selecionador é seu adversário. Aliás, se sentir-se assim, provavelmente, vai criar resistências entre você e a empresa, mas, com certeza, é fundamental saber em que terreno está pisando.

Como se preparar para a entrevista

DIAS ANTES...

Atualize seu currículo.

- Faça um planejamento do que pode ser perguntado e treine a entrevista em casa[2]. Você se sentirá familiarizado com as perguntas quando elas acontecerem e mostrará mais desenvoltura ao respondê-las. Lembre-se de que está fazendo a venda de seus atributos profissionais; assim, mostre-se preparado.

UM DIA ANTES...

- Tenha uma boa noite de sono. Procure dormir cedo para estar bem alerta no dia seguinte.
- Não coma alimentos fortes nem em lugares suspeitos. Evite também tomar remédios muitos fortes.
- Imprima um currículo e leve-o com você, mesmo que já tenha mandado pela Internet.
- Separe a roupa do dia seguinte com antecedência. Vista-se com discrição. Evite decotes, cores e modelos extravagantes. Também evite usar a roupa toda preta, pois isto gera um distanciamento em relação ao entrevistador.
- Investigue o caminho que vai percorrer para chegar à empresa sem atrasos.

---

[2] Você encontrará um artigo de Clarissa Janini no qual consta uma lista de perguntas prováveis que podem ocorrer em uma entrevista. Confira: http://carreiras.empregos.com.br/carreira/administracao/ge/entrevista/preparese/180406-perguntas_entrevista.shtm

NO DIA DA ENTREVISTA...

- Chegue 10 a 15 minutos antes do horário combinado. Use a super-reserva de tempo.
- Mantenha uma postura estritamente profissional ao responder sobre qualquer assunto – lembre-se de que está sendo avaliado. Dispense piadas ou tentativas de criar intimidade com o selecionador – seu objetivo é conseguir aquele emprego e não fazer amigos.
- Não fale mal do seu emprego anterior. Isso cheira a despeito e falta de consideração pelas pessoas com as quais trabalhou.
- Trate educadamente todas as pessoas. Lembre-se de que a rede de relacionamentos é o maior tesouro que você pode produzir, da copeira ao presidente da empresa.
- Evite fumar, mascar chicletes, roer unhas e olhar demais no relógio enquanto aguarda a sua vez. Lembre-se de que o foco da atenção está em você.
- Desligue o celular.
- Saiba o nome e o cargo exato do entrevistador.
- Reserve tempo suficiente para a entrevista. Demonstrar pressa para ir embora, revelar que tem um outro compromisso, mostra que sua disponibilidade para estar inteiro naquela empresa já começa comprometida.
- Tenha autoconfiança; demonstre energia, entusiasmo e disposição em conseguir a vaga e em começar a trabalhar.
- Reflita bem antes de responder. Não se precipite, mas também não enrole. A honestidade conta ponto a seu favor.
- Não tente "adivinhar" o que está por trás de cada questão ou qual a intenção do selecionador. É mais adequado responder, exatamente, ao que lhe foi perguntado.
- Evite respostas monossilábicas, como "sim", "não" e "é". Argumente, interaja com o selecionador. Porém, não o canse falando demais. Isso demonstra ansiedade e descontrole emocional.

Capítulo 11

Gente
que Faz

"DE NADA ADIANTA CONCEBER O FUTURO SEM DETERMINAÇÃO PARA ATINGI-LO."

Tomei emprestado o nome deste capítulo do Banco Bamerindus, que brilhantemente, em dezembro de 1990, levou ao ar o programa "Gente que Faz", que foi o resultado de uma ideia antiga do Diretor de Marketing Sérgio Reis, e começou a se materializar em fins de 1989, quando o banco veiculava a campanha Credite no Brasil. Os personagens de "Gente que Faz" seriam empresários que tivessem criado e expandido sua empresa a partir de um sonho, sem jamais desistir; que houvessem se destacado pela luta que resultou em seu sucesso como empresário e no emprego de centenas de pessoas. Histórias fortes, depoimentos emocionantes e verdadeiros, tendo como meta valorizar mais que simplesmente as ideias – deveria valorizar o trabalho. Esta era a "cara" do programa.

Pois bem. O nosso "Gente que Faz" propõe-se a trazer depoimentos de pessoas que construíram suas histórias com muita garra, luta e determinação; pessoas que foram capazes de transformar o sonho em realidade, não porque nasceram com mais sorte que as outras, mas porque sabiam que "quem sabe faz a hora não espera acontecer".

De nada adianta ter sonhos, objetivos, metas, se você não possuir determinação para chegar lá. Os obstáculos, com certeza, aparecerão, e não serão poucos. Muitas pessoas se dispõem a traçar objetivos, mas poucas são capazes de concretizá-los, não porque a sorte só sorri para alguns – a sorte é um somatório de competência com oportunidade – mas porque é comum pessoas desistirem de seus sonhos quando os obstáculos aparecem. E tanto maior o sonho, maiores as dificuldades para sua realização; todavia, maiores também serão os benefícios.

"Antes do compromisso, há hesitação, a oportunidade de recuar, a ineficiência permanente.

Em todo ato de iniciante (e de criação) há uma verdade elementar cujo desconhecimento destrói muitas ideias e planos esplêndidos: no momento em que nos comprometemos de fato, a Providência também age.

Ocorre toda espécie de coisas para nos ajudar, coisas que de outro modo nunca ocorreriam. Toda uma cadeia de eventos emana da decisão, fazendo vir em nosso favor todo tipo de encontros, de incidentes e de apoio material imprevistos, que ninguém poderia sonhar que surgiriam em seu caminho.

Começa tudo o que possas fazer, ou que sonhas poder fazer. A ousadia traz em si o gênio, o poder e a magia."

Goethe

Goethe nos fala, por meio do texto acima, que, para realizar sonhos, é necessário assumir um compromisso pessoal e com o Universo. E que é comum o momento de hesitação, medo, insegurança, quando você olha para frente e vê que o caminho parece ser longo e árduo, que talvez seja melhor nem iniciar. Além disso, provavelmente, mudanças serão inevitáveis, o que assusta ainda mais. Lembre-se da máxima que diz: "Tá ruim, mas tá bom". Ou seja, é preferível o ruim conhecido, a arriscar o desconhecido, que pode até ser melhor, mas quem é que garante?

Após superar essa etapa de impasse, que é um momento que "mata" a maioria dos planos esplêndidos, a caminhada inicia, pois o primeiro passo já terá sido dado. Possivelmente, é esse passo o mais difícil, uma vez que precisamos quebrar a inércia para o movimento iniciar. O que Goethe afirma é que, a partir daí, o Universo começa a fazer a sua parte.

O Universo conspira a seu favor

Goethe está se referindo à sincronicidade do Universo. Fatos e acontecimentos inesperados começam a acorrer de tal forma que o caminho rumo a seus objetivos vai sendo facilitado como que por magia!

Sincronicidade é um conceito que foi desenvolvido por **Carl Gustav Jung** para definir acontecimentos que se relacionam não por relação causal, mas por relação de significado. Ele a chama de "coincidência significativa" e a define da seguinte forma:

"Coincidência significativa de dois ou mais acontecimentos, em que se trata de algo mais do que uma probabilidade de acasos".

Trata-se de vivenciar uma experiência de se ter dois (ou mais) eventos que coincidem de uma maneira que seja significativa para a pessoa (ou pessoas) envolvida. Ela difere da coincidência, pois não implica somente a aleatoriedade das circunstâncias, mas sim um padrão subjacente ou dinâmico que é expresso por meio de eventos ou relações significativos.

Jung refere-se às funções básicas do ser humano: razão, emoção, sensação e intuição. Segundo ele, quando trabalhadas equilibradamente, abrem espaço para a sincronicidade ocorrer.

Conta-se a seguinte história do escritor francês Émile Deschamps, para ilustrar sincronicidade: em 1805, Émile foi recebido com um pudim de ameixas pelo desconhecido Monsieur de Fontgibu. Cerca de dez anos depois, ele encontrou pudim de ameixas no menu de um restaurante em Paris, e fez o pedido, mas o garçon lhe disse que o último pudim já fora servido a outro cliente, o qual seria M. de Fontgibu.

Alguns anos depois, em 1832, Émile Deschamps estava em um jantar e, mais uma vez, foi oferecido pudim de ameixas à mesa. O escritor recordou do incidente anterior e contou a seus amigos que somente M. de Fontgibu faltava ao recinto para se fazer completa outra coincidência – e no mesmo instante, agora mais velho, M. de Fontgibu adentrou o recinto.

Possivelmente, você tem vários exemplos desse tipo para contar. Na minha vida, isso acontece com bastante frequência. Vou contar um episódio: estava eu voltando de Recife para Florianópolis depois de participar como palestrante do Criarh, sentindo-me extremamente feliz e em harmonia com o Universo, pois acabara de lançar meu primeiro livro lá e meu vôo fez conexão em Brasília. Enquanto aguardava o embarque, dentro do aeroporto, percebi o quanto estava com saudade daquela cidade, pois eu possuía poucos clientes lá, e já fazia mais de dois anos que não era convidada para realizar nenhum trabalho ali. Então, disse para mim mesma em voz alta: "Puxa Brasília, estou com tanta saudade daqui, vê se me traz de novo para realizar algum treinamento". Isso ocorreu em um domingo, às 8 horas da noite. No dia seguinte, já em Florianópolis, às 8 horas da manhã, recebi uma ligação. Do outro lado da linha, a voz dizia: "Marcia, aqui é a Simone, da Funcef de Brasília, nós estamos precisando de um trabalho seu; será que você pode enviar uma proposta?" Fiz isso e duas semanas depois lá estava eu atendendo à empresa. Quero destacar que fazia dois anos que nenhum trabalho aparecia para mim naquela cidade; no entanto, 12 horas depois de "pedir" para a cidade me chamar, a oportunidade aparece. Alguns dão a isso o nome de "coincidência". Eu e Jung preferimos chamar de sincronicidade.

Estou referindo-me a esse empurrãozinho do Universo para que você saiba que não caminhará sozinho; se estiver atento, perceberá diversas oportunidades durante sua caminhada, o que não significa que a missão será fácil.

A jornada rumo à realização de seus sonhos pode ser longa e é preciso que você faça a sua parte, que não é pequena.

"Deus dá as nozes mas não as quebra."

Ditado Popular.

A Providência dá um empurrãozinho que pode ou não ser identificado; às vezes, estamos tão distraídos, preocupados com os problemas, acelerados, que perdemos a sintonia com o fluxo do Universo, e as oportunidades passam à nossa volta sem serem notadas. Mas, independentemente de aproveitá-las ou não, uma grande parte da caminhada exigirá todo o seu esforço e determinação.

A determinação faz toda a diferença

Determinação é uma decisão firme, definitiva e irrevogável de um projeto, um objetivo ou um sonho que se persegue até a sua conquista final. Não deve ser confundida com teimosia. É esperado que se cometa erros durante a trajetória, afinal, "errar é humano"; entretanto, "reconhecer o erro é divino". A capacidade de admitir um engano ou um fracasso, de desculpar-se e de usar essa oportunidade de aprendizagem para corrigir a rota e seguir em frente, é o que o faz determinado em vez de teimoso.

O professor Marins, em seu artigo "A sutil diferença entre persistência e teimosia" vem colaborar para elucidar a questão. Entendamos aqui persistência como sinônimo de determinação. Leia o artigo a seguir.

A SUTIL DIFERENÇA ENTRE PERSISTÊNCIA E TEIMOSIA

Luiz Marins

Em um seminário com mais de 600 empresários, uma discussão tomou conta dos participantes. Eles me perguntavam: até quando você deve persistir com uma ideia, com um negócio ou com uma empresa, antes de desistir?

Foram inúmeros os depoimentos de empresários que persistiram muito – chegaram a "quebrar" mais de uma vez – antes de vencer e conseguir sucesso. As dificuldades, por eles relatadas, foram imensas. Houve momentos em que eles estavam querendo "jogar a toalha" e desistir. Não viam saída alguma para o "buraco" em que estavam...

Em uma análise mais profunda que fizemos com eles próprios, tendo como base os exemplos de vida concreta de cada um, fizemos com que eles percebessem que a persistência – que os fez vencedores – foi muito mais com o método de trabalho, com a força da vontade, com a busca de caminhos alternativos que uma teimosia em repetir, sem parar, a mesma coisa, com os mesmos erros, com as mesmas pessoas até dar certo. Eles não desistiram frente aos obstáculos, mas buscaram alternativas válidas, pessoas mais experientes, mercados mais disponíveis, formas mais simples – até que atingiram seus objetivos.

Depois que os fiz ver a diferença entre persistência e teimosia, eles próprios passaram a relatar – pela própria experiência – que enquanto foram teimosos não tiveram sucesso. Enquanto insistiram nas mesmas fórmulas, com as mesmas pessoas, com os mesmos parceiros de insucesso, só viam o fracasso crescer, o buraco aumentar. Os vencedores são persistentes, mas não são teimosos. Percebem quando mudar, como mudar, com quem prosseguir em um novo caminho. Não ficam "dando murros em ponta de faca" como diz o ditado. Mudam com rapidez. Mudam com determinação, porém são persistentes na vontade, no querer, na visão de sucesso, na busca de alternativas, na busca de companheiros e parceiros leais. Erram muito, são enganados, passados para trás muitas vezes, mas não se deixam abater e contabilizam tudo isso em uma conta de "experiência" que os faz ainda mais fortes.

E nós, o que somos? Persistentes ou Teimosos? Lembre-se de que o mundo é dos persistentes e não dos teimosos[1].

A SEGUIR, VEREMOS OS RELATOS DE VÁRIAS PESSOAS QUE CONSTRUÍRAM UMA HISTÓRIA DE SUCESSO, e, quando estou falando em sucesso, não me refiro, apenas, à estabilidade financeira, mas também ao equilíbrio nas diferentes áreas da vida: familiar, profissional, educacional, saúde, lazer, entre outras. Isso porque o ganho financeiro é consequência de levar uma vida equilibrada e em harmonia. Se ele ocorre isoladamente, o ditado popular que diz "dinheiro não traz felicidade" passa a valer. Todos nós conhecemos diversos casos de pessoas que estão muito bem financeiramente, porém se consideram infelizes, talvez porque perderam o sentido da vida ao longo do caminho. Lembre-se de que caixão não tem gaveta, e o que você leva consigo são as recordações do que fez ao longo de sua vida. Aproveite a passagem por esse plano para tornar-se um ser humano melhor e só conseguirá fazer isso se ao longo da trajetória puder ajudar outras pessoas a fazerem o mesmo.

---

[1] Este seu artigo foi publicado no site http://www.anthropos.com.br.

Oscar "Mão Santa" Schmidt

Nosso primeiro convidado é **Oscar** Daniel Bezerra **Schmidt**, nascido em Natal, RN, no dia 16 de fevereiro de 1958. É considerado o maior jogador da história do basquete brasileiro e um dos maiores do basquete mundial, detentor do recorde mundial de pontuação nesse esporte, com 49.737 pontos.

Sua trajetória começou aos 13 anos, em Brasília, e, aos 19, ele já integrava a seleção principal do Brasil.

Em 1977, disputou dois campeonatos sul-americanos pela seleção brasileira e conquistou os dois títulos, em categorias diferentes.

O Hall da Fama de Springfield fez uma publicação citando os 100 maiores jogadores da história. Nesse livro, constam somente cinco jogadores não americanos. Oscar é um deles.

Oscar fez 7.693 pontos pela Seleção Brasileira e ninguém fez mais que ele. Além disso, detém mais de dez recordes Olímpicos.

Na Seleção Brasileira, ele era sempre o primeiro a chegar e o último a ir embora, treinando o tempo todo sem parar. Durante grande parte da sua carreira, além dos 1.000 arremessos fora do treino que fazia, só ia embora da quadra quando acertava 20 arremessos consecutivos de 3 pontos. Suas primeiras férias foram aos 35 anos de idade por servir a seleção todos os anos.

No jogo de Caserta contra Montecatini no Campeonato Italiano, em que Caserta venceu por 2 pontos, fez 34 pontos e meteu a bola decisiva com a mão direita fraturada. Engessou-a por 25 dias e não deixou de treinar em nenhum deles.

Seu apelido de "Mão Santa" originou-se a partir de seus incríveis resultados que, na verdade, foram conseguidos em função de extremo empenho, garra e determinação.

Por tudo que já fez e continua fazendo, Oscar "Mão Santa" Schmidt continua sendo admirado por todos os torcedores brasileiros. Ele é Gente que Faz! Leia seu depoimento.

Depoimento

Eu sempre achei importante gostar do que a gente faz. Eu sempre fui apaixonado por basquete. Na vida do atleta, precisa ter muita disciplina. Disciplina para treinar duas vezes por dia, disciplina para manter o peso, para encarar objetivos, pressões danadas, muita disciplina para ficar em uma quadra sozinho, arremessando bola, sempre a mesma coisa, e eu estava lá todo dia.

O esporte é feito de erro; a gente erra toda hora. Michael Jordan é o cara mais importante que já apareceu no basquete mundial. Ele falou o seguinte: "Errei mais de 9.000 cestas e perdi quase 300 jogos em 26 ocasiões diferentes. Eu tive a bola pra arremessar o último chute da partida, errei e meu time perdeu. Eu tenho uma história repleta de falhas e fracassos e é por isso que eu sou um sucesso". Michael Jordan é o melhor jogador de basquete que já apareceu no planeta. Então, isso é verdade mesmo: a vida é feita de erros e a gente tem que aprender com os nossos erros e passar por cima deles senão você não cresce como esportista.

Renúncia: *eu sou um cara bem regrado; não bebo, não fumo, não uso drogas, tenho uma mulher que eu amo muito, treino pra caramba, minha vida foi sempre regradinha aos meus princípios. Mas eu deixei de fazer um monte de coisas. Eu deixei minha família em casa por causa do basquete, eu deixei de ter férias por causa do basquete. Minhas primeiras férias eu tive aos 35 anos de idade. Deixei de jogar na NBA (Liga Americana de Basquete) para continuar servindo a seleção brasileira porque senão eu perderia meu* status *de armador. A gente precisa fazer um monte de escolhas, não dá para fazer tudo ao mesmo tempo; identifique aquilo que gosta e esqueça as outras coisas.*

Lealdade: *esse é o princípio mais importante da minha vida. É preciso ser leal aos amigos, à família, e, sobretudo, leal àquelas pessoas que estão mais perto da gente e que colocamos em segundo plano. Eu nunca vi meu pai olhar para outra mulher com segundas intenções; meus filhos também não vão ver o pai deles fazer isso. Morei 13 anos na Europa. Tinha direito a cidadania italiana, mas nunca quis. Eu tenho um país só, uma mulher só e um Deus só também.*

Determinação: *O cara precisa ser determinado e eu acho que eu fui determinado. Cara determinado é o cara corajoso, confiante, só que ninguém nasceu assim. Imagina você em um ginásio de basquete lotado, 8.000 pessoas em volta, aquele calor, eu jogando lá no meio e o ginásio inteiro gritando assim: "Oscar vea-*

do, Oscar veado!". É chato pra caramba meu, mas eu nunca ficava triste com isso. Sabe o que eu fazia? Estavam me xingando, pegava a bola, metia na cesta, olhava pra torcida e falava: "Chupa! Filha da puta!". Metia outra de novo e dizia "Chupa de novo". Todo ginásio me odiava porque eu fazia essas coisas, e eu tinha essa cara de pau porque eu sabia que ia meter a bola. Eu passava o tempo todinho errando, mas eu sabia que no fim do jogo eu ia meter aquela bola. E essa certeza vinha do meu treino. Eu tinha confiança, coragem porque eu treinava tanto que é matemática; não havia como não meter a bola.

Objetivos e metas: A vida é movida de sonhos e você tem que ter objetivos e nada é impossível. Podemos sonhar o sonho que a gente quiser.

Obstinação: cara obstinado é o cara teimoso. Quando eu quero um negócio, ninguém tira da minha cabeça. No começo da minha carreira, meu pai falava assim: "Oscar você não pode jogar basquete como profissional não, Oscar". "Mas pai eu quero jogar basquete". "Você não pode; você tem que fazer concurso do Banco do Brasil, 16 salários, aposentadoria". "Eu não, eu quero é jogar basquete pai". Não adianta! Quando eu quero alguma coisa, eu vou. Discuti com meu pai, mas joguei basquete. O cara obstinado também é o cara persistente. Quando eu gosto de uma coisa, eu vou ao limite. O cara obstinado é assim; quer ser o melhor em tudo. E para ser o melhor em basquete você só tem uma coisa a fazer: treinar muito! E eu treinei mais que qualquer um nesse país, ninguém treinou mais que eu, tenho um orgulho danado disso.

Eu fiz de tudo pra ser o melhor, não consegui ser o melhor, mas treinei para ser o melhor. E esta é minha definição de ser vencedor. Muita gente pensa que vencedor é só Michael Jordan. Eu me sinto vencedor. Poderia estar frustrado porque não fui. Não estou porque eu fiz de tudo para ser. Se esse cara faz de tudo para ser um vencedor, esse cara é o melhor. Só quem vai analisar isso sabe quem é? É a tua consciência, só ela vai dizer se você fez de tudo para ser o melhor.

E aí você sobe e vira ídolo. Mas tem sempre um moleque querendo pegar seu lugar; é uma concorrência danada o tempo todo. Tenho que melhorar minhas coisas, inventar outro jeito. Eu inventei um monte de coisas. Umas não serviram para nada, mas umas serviram. Se você para no tempo, você perde seu lugar. Eu joguei até os 45 anos em altíssimo nível porque eu inventava coisas novas. Acima de tudo me especializei. Quando começou esse negócio de arremesso em 3 pontos eu disse: "Epa! Esse negócio é pra mim; vou virar o melhor arremessador de 3 pontos do planeta!".

Trajetória: eu venho de Natal, RN. Papai é filho de alemão e militar da marinha. Ele e minha mãe, com a educação simplória e fantástica fizeram a mim, símbolo do país do basquete; o meu irmão Felipe, piloto de helicóptero da marinha (vai ser almirante) e o Tadeu que vocês vêem todo dia na TV. Isso não é coincidência; esses dois senhores lindos deram muita força para nós três sermos expoentes, um em cada atividade diferente. Não é DNA, não é coincidência. Foram os princípios morais e técnicos que meus pais nos deram. Clássico nordestino, já tive todas as doenças. Tive caxumba, catapora, febre reumática. Tive todas as doenças e esse é o segredo do nordestino forte. Ele adoece de tudo; quem passou dessa fase, meu amigo, vive até os 100 anos. Seleção natural pura!

Lutei muito para aprender a jogar. Eu era grande, desengonçado, precisava aprender a jogar. Eu me esforcei muito até que, em 1972, fui jogar na seleção de Brasília. Foi quando um dia, Ricardo, capitão do time, falou: "Parabéns, Oscar, você está na seleção de Brasília, mas qual que é seu sonho"? E eu respondi: "Meu sonho é jogar na seleção brasileira". E ele falou pra mim: "Então Oscar, você tem que dormir com a bola". Hoje eu sei que isso é uma metáfora, mas, quando a gente passa dos 2 metros, alguma coisa acontece no cérebro e a gente não entende direito, a informação demora a chegar. Eu dormi com a bola um tempão. Não serve para nada dormir com a bola; não durmam com a bola, mas essa foi a primeira lição importante da minha vida. A gente precisa treinar muito, até dormir com a bola se for preciso. De tanto dormir com a bola, eu fui parar na Seleção Brasileira.

Outra lição importante da minha vida é que esporte é lugar de dor, é lugar de cansaço; quem não souber suportar, vai fazer outra coisa. A pressão é o melhor amigo do jogador. A gente só melhora sob pressão. Graças a essa cobrança, virei um jogador que todo mundo queria: Real Madrid, Barcelona. Eu ganhei várias vezes a competição de melhor arremessador de 3 pontos, porque treinei muito. Eu deixava já o pijama debaixo do uniforme porque economizava duas trocas de roupa e ganhava tempo para treinar. Daí o apelido de Mão Santa. Eu treino muito e as pessoas vem me chamar de Mão Santa; parece milagre, mas não é. Acabei minha temporada na Europa, vim jogar no Corinthians, fui campeão brasileiro depois montei o time do Barueri, fui campeão paulista, e fui acabar minha carreira no

Flamengo. Você sabe o que é jogar profissionalmente no Flamengo aos 45 anos de idade? Eu jogava uma partida e ficava três dias na cama me recuperando. O cara que me marcava tinha 20 anos de idade. E aí quando ele cansava entrava no lugar dele um de 18 anos, batendo em um senhor de idade! Completei 49 títulos oficiais.

Meu último jogo na Seleção Brasileira foi na Olimpíada de Atlanta em 1996. Jogar na Seleção Brasileira foi a coisa mais importante da minha carreira: jogando de graça, sem seguro algum, perdendo minhas férias, viajando em classe econômica, dormindo em cama pequena, mas ao mesmo tempo participando de grandes eventos. Conviver com grandes atletas do Brasil é coisa que não tem preço. Viajar de graça pelo mundo não tem preço: Moscou, Paris, Itália, China, Estados Unidos.

Na primeira seleção brasileira (1977), eu comecei no banco de reservas, eu estava com 17 anos e ninguém presta atenção no banco de reservas. Jogador do banco só entra em fria: time vai mal, ele entra; time aperta, ele sai. E todos os jogadores do banco se desinteressavam, mas eu ficava olhando fixo para o técnico, não tirava o olho dele. Se o técnico levantava para buscar um jogador pra entrar, encontrava todo mundo distraído e eu ligadão nele. Aí ele me dava uma chance e eu entrava. Eu virei titular com o Arremesso Filho da Boa. Moleque de 18 anos. Faltando 20 segundos para terminar, estávamos perdendo o jogo por 2 pontos contra a Argentina. A bola caiu na minha mão, era para eu passar para um titular, mas peguei a bola e joguei pra cesta. A torcida gritou: "Filho da"... a bola entrou... gritaram "boa Oscar"! Meia dúzia de Filho da Boa, virei titular rapidinho. Os jogadores falavam: "Não dá pra jogar com você assim; você arremessa todas". E eu respondia: "Eu só arremesso o que está na minha mão; o que está na sua mão não dá pra arremessar". Quando acabava o treino, eu disputava com os outros: quem fica por último na quadra e eu ganhava sempre.

Existem quatro palavras para vencer no esporte: treino, disciplina, desafio e superação. Você não imagina como é difícil ganhar, a gente não dorme à noite. É sofrido pra caramba. E não tem vitória sem dor, sem sacrifício. E só ganha quem sonha; não tem vitória sem sonhar. Sonhar significa se matar de treinar para buscar o sonho. Sonho é gostoso, mas é uma perda de tempo se você não fizer nada; precisamos ter visão. Visão são nossos sonhos trabalhando. Tenho que ter a visão de que é preciso "ralar" e treinar muito para realizar meu "sonho".

Hoje, posso afirmar que sempre estive extremamente preparado e sempre tive do meu lado, a minha família, o carinho do Brasil e a minha fé também.

O Pitu com Pirão da Eliane

Eliane Maria de Santana Silva é a proprietária e fundadora do fantástico restaurante Pitu com Pirão da Eliane, localizado na Avenida Santos Dumont, 957, na praia de Atalaia, em Aracaju. O clima rústico e aconchegante do restaurante tem tudo a ver com a proposta e a localização do estabelecimento que serve uma comida tradicional e gostosa, como aquela feita em casa.

Eliane faz questão de preparar os caldos, molhos e temperos, além de supervisionar a cozinha e receber, pessoalmente, os clientes. Esse carinho, cuidado e a qualidade dos ingredientes são os segredos do grande sucesso do seu pirão, que é a estrela do cardápio, acompanhando o pitu ou o camarão.

Mas nem só de pirão vive a Eliane; outros pratos fazem parte desse sucesso: a galinha caipira com pirão de mulher parida e a moqueca de robalo, com leite de coco ralado na hora, são dois deles. E ainda há o catado de aratu, caldinhos de sururu, camarão e peixe. Para arrematar, doces caseiros típicos, como o de jaca, caju e mangaba.

Essa mulher vitoriosa saiu do Rio de Janeiro e decidiu transformar seus sonhos (ou talvez missão de vida) em realidade, resgatando suas origens no nordeste, onde lutou muito, como, aliás, fez durante toda a sua vida. Munida de espírito empreendedor e de muita criatividade, Eliane "dá nó em pingo d'água"; adora desafios e enfrenta-os de peito aberto. Ainda tem muitos projetos para realizar. Um deles consiste em transformar seus restaurantes em uma grande franquia e espalhá-los por todo o Brasil. Eliane nasceu para brilhar! Eliane é Gente que Faz! Leia, a seguir, o depoimento dela.

Depoimento

Sou carioca, filha de pai sergipano lagarto e, por isso, estou em Aracaju há 17 anos. Casei com 14 anos, fui mãe aos 15 anos e aos 18 anos já tinha dois filhos e um casamento que não deu certo. E aí, o mundo foi minha escola.

Fui motorista de táxi no Rio de Janeiro em 1977, quando mulher praticamente nem dirigia; vendi pastel e tortas em cantinas de faculdades; vendi roupas e brinquedos, enfim tudo que dava lucro extra eu vendia. Era uma verdadeira camelô.

Vou contar um episódio: no final de ano, entrei na padaria para comprar pão e vi um encarte de um supermercado e achei que o preço do bacalhau estava barato. Pois bem. No Rio de Janeiro, tanto no Natal quanto no Ano Novo, em todas as casas, mesmo nas mais pobres, na ceia se come bacalhau; se não puder comê-lo, come-se o "batatalhau", que leva mais batata que bacalhau. Aí resolvi comprar uma caixa de bacalhau que vem com 15 kg. Eu venderia 10 kg, ficaria com o lucro e com o restante para o meu consumo. Acontece que, nessa brincadeira, consegui vender uma tonelada (1.000 kg) de bacalhau. Com o lucro, comprei uma casa de praia em Sepetiba/RJ. E como consegui vender uma tonelada (1.000 kg) de bacalhau? Pensei nas pessoas carentes que não iam poder comprar e coloquei no sistema de rifa: quem vendesse 10 kg ganharia 1 kg de bacalhau de brinde e aí foi um sucesso total. Uns passavam para os outros e muita gente vendeu bacalhau. É claro que todas essas pessoas tiveram oportunidade de comê-lo.

Na passagem desse mesmo ano, fui a um culto evangélico e lá encontrei uma senhora bem pobre que estava orando; ela olhou para mim e disse: "Filha, Deus manda lhe dizer que o seu tempo aqui no Rio de Janeiro acabou e que você vai para o nordeste mexer com comida". Eu respondi a ela: "Aí Deus já está de brincadeira comigo, pois me manda embora do Rio de Janeiro e ainda mexer com comida!" Disse isso, pois eu não sabia cozinhar, principalmente frutos do mar e muito menos fazer pirão, mas, mesmo assim, falei para a senhora: "Tudo bem, sou obediente. Vou chegar lá, coloco um mercadinho e vendo: feijão, arroz, açúcar, café,... Com isso estou mexendo com comida". E ela disse: "Não filha! Deus manda lhe dizer que é restaurante. Vejo muitas pessoas, várias panelas e não é só um não! Lá vai estar o seu sucesso financeiro". Saí dali meio descrente; passaram dois ou três meses, *surgiu a oportunidade de viajar para o nordeste e é claro que escolhi Aracaju por ser a terra de meu pai.*

Cheguei aqui para ver como eram as coisas e não voltei mais. Vendi roupas, brinquedos, fui ser camelô como era no Rio de Janeiro, mas logo surgiu um espaço no interior onde meu pai mora e sem que eu me desse conta. Quando dei por mim, já estava montando um restaurante mesmo sem saber cozinhar! A parte mais interessante é que, quando eu dormia, as receitas apareciam em sonhos para mim e no outro dia eu ia fazer e era sucesso total. E hoje, mesmo sem fazer curso de culinária, faço todos os pratos em meus restaurantes.

Hoje, já são dois, e estou perto de abrir o terceiro. Já recebi convites para abrir em São Paulo, Belo Horizonte, Fortaleza, Rio de Janeiro, Salvador e Natal e até para abrir franquias. Graças a Deus amo de paixão cozinhar e adoro os meus 100 funcionários.

Meu restaurante está indicado no Guia Quatro Rodas como um entre os cinco melhores restaurantes de Aracaju. Minha situação financeira, que é o resultado da luta e do trabalho de todos nós, é maravilhosa; hoje, tenho três carros de luxo, uma casa na praia (com três suítes, piscina e seis vagas de garagem), dois restaurantes e estou indo morar na área nobre de Aracaju no meu apartamento quitado.

E todas as pessoas importantes, os artistas, as celebridades que vêm a Aracaju vão a meu restaurante Pitu com Pirão da Eliane. Agora só falta você que está lendo minha história.

P.S.
Como lhe disse antes, já havia recebido outros convites para contar minha história em um livro, mas, quando recebi seu e-mail e li que este livro era algo sagrado para você e como minha história também é algo sagrado para mim, resolvi juntar as nossas forças, que tenho certeza de que vem de Deus, e aceitar seu convite. Assim, mostraremos a todos os leitores deste livro que vale a pena lutar.

Beijos,

Eliane M. S. Silva

De alemoa vampira a empresária de sucesso

Tive a oportunidade de conhecer Maria **Ivânia** Backes de Oliveira em um treinamento denominado "Maestria em Sala de Aula", que ministrei para os consultores do Sebrae em Porto Alegre. A turma foi fabulosa, e, entre eles, estava nossa grande guerreira.

Ivânia veio reforçar a minha crença de que trabalhar com gente é um privilégio, pois o facilitador entra em sala de aula com a missão de ensinar, e descobre que possui muito mais a aprender com seus alunos. Foi o que ocorreu comigo ao ouvir o depoimento de Ivânia, falando sobre sua trajetória ao longo da vida, contando os problemas que enfrentou e como nunca pensou em desistir de seus sonhos.

De origem pobre, tendo que enfrentar desde muito cedo todo tipo de preconceito racial e dificuldades familiares, Ivânia sonhava com um futuro melhor, com uma vida mais digna para ela e seus irmãos. Ela não descansou enquanto não transformou esse sonho em realidade.

Nunca teve medo de arregaçar as mangas e trabalhar. Não mediu esforços para enfrentar os obstáculos que apareceram no caminho. Fez de cada tombo um passo de dança. Descobriu maneiras de sempre fazer mais e melhor.

Hoje, bem estruturada profissionalmente, continua lutando para descobrir caminhos onde possa ajudar outras Ivânias a ter acesso a um futuro mais promissor. Faz isso por meio de projetos que desenvolve com o auxílio de voluntárias, clientes de sua loja. Ela também está escrevendo um livro "A História de Maria". Nele, ela conta as dificuldades que enfrentou e como sempre fez do limão uma limonada. Ivânia é uma grande guerreira! Ivânia é Gente que Faz! Leia, na página seguinte, o depoimento desse exemplo de sucesso.

Depoimento

Nasci em Dois Irmãos, Rio Grande do Sul e até os 8 anos de idade falava somente em alemão. Quando nos mudamos em 1968 para Novo Hamburgo, fui matriculada na escola e passei a maior dificuldade por não conseguir me comunicar. As crianças corriam atrás de mim no final das aulas gritando: "Alemoa batata come queijo com barata". Sentia-me um ser estranho; muito esquisita.

Saía da sala de aula correndo para não ouvir o que as crianças gritavam. Em uma dessas fugas, caí e, batendo o rosto no chão, quebrei os quatro dentes da frente. Sofri discriminação por ser alemã até conseguir me comunicar em português, o que levou mais de quatro anos. Além de "alemoa batata" virei também "vampira", pela falta dos dentes.

Minha família era pobre e não havia condição de recuperar meus dentes naquela ocasião. Sentia-me mal, tinha vergonha de abrir a boca; para falar, tapava com a mão. Revoltada, jurei que venceria, e um dia não passaria mais por esse tipo de discriminação.

Quando adolescente, não mais "vampira" porque, enfim, consegui colocar prótese dentária, apaixonei-me por um rapaz de cabelos cacheados e pele cor de cuia. Meu pai, extremamente preconceituoso, não permitiu o namoro. A discriminação estava na minha própria casa. Obedeci, porém, anos depois, com ideias próprias, não permiti que minha família dirigisse minha vida. Meu pai, alcoólatra, destruía a família com fiascos e quebradeira dentro de nosso lar.

Decidi sair de casa e a única forma era por meio do casamento. Então, conheci uma pessoa maravilhosa pela qual me apaixonei. Namoramos e, em 1981, fui a primeira da família a casar com pessoa que não fosse de origem alemã.

Fomos morar na praia de Quintão, litoral norte do RS, a 120 km da capital Porto Alegrense. Em 1985, passando por dificuldades financeiras, casa alugada, um bebê para alimentar, decidi que minha vida tomaria um novo rumo. Sonhava muito em ter rendimento extra que pudesse ser feito com minhas mãos e dentro de casa. Abrimos um Bazar e Lavanderia. Dividimos a pequena sala e cozinha ao meio e montamos o nosso negócio. Para incrementar, compramos um pouco de material escolar. A roupa, bem limpinha e cheirosa, logo se tornou um sucesso na comunidade. Isso trouxe movimento para o Bazar. Dois anos mais tarde, já com três filhos, busquei minha irmã para me ajudar, que não aguentava mais as bebedeiras do pai em casa.

A vontade de vencer e crescer não me deixava esmorecer. Meus tios queriam que eu fosse trabalhar com eles, dizendo que meu projeto não daria certo porque, em uma praia pobre como a nossa, esse tipo de negócio não funcionaria. Persisti e, além da minha persistência, o respeito pelo cliente e a honestidade nas negociações, foram primordiais para o sucesso da empresa.

Em 1993, construímos loja nova na avenida principal da praia. Hoje, nossa empresa é composta de matriz e duas filiais. As filiais são administradas pelos meus filhos. A matriz conta com 5 funcionários no inverno e 12 na temporada de veraneio. As decisões estratégicas são tomadas pelos proprietários, porém são aplicadas somente após consulta aos funcionários. As ideias de melhorias dos funcionários são discutidas, aceitas e aplicadas. Realizamos pesquisas de satisfação, as sugestões dos clientes são analisadas e, na medida do possível, implementadas e informadas ao cliente. Nossa empresa procura inovar no pós-venda, tornando o cliente fiel.

Pelo sucesso de minha empresa, em 1996, fui eleita presidente da Associação Comercial e Industrial de Quintão (ACI). Quando assumi a presidência realizei vários convênios com parcerias como Sebrae, Senac, Federasul e FIERGS para que os empresários do município pudessem participar e se capacitar. Fomentando o desenvolvimento comercial de nossa praia, fui reeleita no ano de 1998.

Em 1999, depois de enfrentar e superar um câncer, decidi prestar vestibular para o curso de Administração e passei. Depois de 21 anos fora da sala de aula, voltei a ser estudante. Em 2000, decidi trabalhar mais pelo meu município, elegendo-me vereadora. Em 2003, fui a primeira mulher da região a presidir um Legislativo (Palmares do Sul). No mesmo ano, formei-me em Administração.

De 2005 a 2007, ocupei o cargo de Secretária Municipal de Indústria e Comércio de Palmares do Sul, quando foi possível desenvolver vários projetos de geração de renda para o município. Por essas iniciativas, em 2006, recebi o Troféu Ana Terra.

A visão de futuro de nossa empresa é vender produtos de qualidade tornando nosso cliente um fiel amigo. A sazonalidade do litoral dificulta bastante o crescimento de uma empresa. Nosso planejamento é feito com metas para cinco anos. Estamos trabalhando no crescimento da empresa e na capacitação dos funcioná-

rios para que eles possam ser os agentes desse projeto junto conosco. A empresa foca o atendimento na base da confiança. Assim, fica mais fácil a fidelização.

Estamos com um projeto de ampliação de espaço físico de nossa empresa no prazo de dois anos. Nesse espaço, além de oferecer novos produtos, pretendemos adequar uma sala de aula para ministrar cursos de artesanato de forma gratuita para as pessoas que queiram gerar renda familiar. Nesse projeto, estarão participando como voluntárias as clientes que possam doar seus conhecimentos de artesanato em favor das pessoas mais humildes e necessitadas. Já contamos com uma lista de professoras voluntárias.

A mensagem que quero deixar para as pessoas que forem abrir qualquer negócio é a seguinte: Para se ter sucesso, além de querer realizar um sonho, devemos em primeiro lugar, ser perseverantes. Pesquisar o mercado consumidor, fornecedor e concorrente. Buscar as informações necessárias para abrir o negócio com segurança. Essa é a forma de obter sucesso em qualquer empreendimento.

Hoje, faria tudo novamente se necessário fosse. Não tenho a pretensão de ser melhor que qualquer pessoa que tenha enfrentado dificuldades. Entretanto, acredito que ter conseguido superar os obstáculos encontrados em minha vida, sem perder a humildade, a esperança e, principalmente, nunca ter deixado de sonhar, foi uma grande vitória.

Adroaldo Cassol comemora Cassol 50 anos

Desde 1958, com garra e visão empreendedora, a Cassol Pré-Fabricados apresenta as melhores soluções, acompanhamento e montagem das estruturas nas obras de pequeno, médio e grande porte. Com mais de 60.000 m² de área coberta nas cinco fábricas – Santa Catarina, Paraná, Rio Grande do Sul, Rio de Janeiro e São Paulo – atende todo território nacional.

São mais de 4.000 clientes atendidos em diversos segmentos de atuação e empreendimentos de destaque como o Shopping Litoral Plaza em São Paulo, a Estação de Metrô Cantagalo no Rio de Janeiro e o Estádio que sediou o Pan-Americano em 2007.

As inovadoras soluções estruturais, a economia, a rapidez na execução das obras e a qualidade no atendimento ao cliente fazem da Cassol uma empresa sólida, competente e confiável.

As empresas do grupo Cassol atuam, hoje, em quatro ramos de atividade econômica, descritas a seguir:

- Comércio de materiais de construção: **Cassol Centerlar**

    A Cassol Centerlar é a rede de lojas que mais cresce no sul do Brasil, são dez lojas e uma grande variedade, superando os 45.000 itens para casa e construção. Todas as lojas da rede estão localizadas em áreas de fácil acesso, com mais de 800 colaboradores qualificados para prestar atendimento integral aos clientes.

- Imobiliário na construção e comercialização de imóveis: **Kobrasol**

    Com sede em Florianópolis, SC, atua há 30 anos construindo empreendimentos residenciais e comerciais. A Kobrasol já executou empreendimentos como o Beiramar Shopping, empresarial Terrafirme entre outros, marcantes para a história de Santa Catarina e do Brasil.

- Reflorestamento: **Cassol Reflorestamento**

    Atendendo aos mercados externo e interno, o grupo Cassol atua na área de reflorestamento e beneficiamento de madeira, com fazendas próprias no estado de Santa Catarina.

- Industrialização de pré-fabricados de concreto: **Cassol Pré-Fabricados**
  Especialista em pré-fabricados, o grupo Cassol possui cinco fábricas e logística para atender grande parte do território nacional.

E tudo isso se deve à garra, à determinação e à ousadia de um homem que acreditava poder realizar sonhos. Amante dos céus, tendo como *hobby* a aviação, ousou sonhar com as alturas e construir um império, junto com sua família. Adroaldo Cassol, é Gente que Faz! Na página seguinte, transcrevemos o depoimento desse homem de sucesso.

Depoimento

Nossa vida profissional sempre teve uma ligação muito forte com madeira. Em 1958, o meu pai nos confiou 9.000 pinheiros e, com esse fermento, nós fundamos a madeireira Cassol. Começamos a vender madeira por antecipação para gerar capital e conseguimos um empréstimo no Banco do Brasil. Logo em seguida, compramos uma fábrica falida. Com a produção de madeira e venda no mercado local, demos nossos primeiros passos. Entramos no Paraná, no Rio de Janeiro, em São Paulo e no Recife. Minha experiência era muito pequena na gestão; tive que aprender fazendo. Depois de 10 anos surgiu uma oportunidade incrível: a nossa empresa sempre foi conhecida por seus valores e respeito a princípios, então o dono de um empreendimento que tinha 45.000 pinheiros veio nos oferecer um negócio. Ele entregava os pinheiros e nós serraríamos. Nesse ínterim, foi criado o BNH e aquela madeira que era até então considerada de qualidade inferior, que não valia nada passou a ter valor substancial e isso nos deu fôlego para crescer.

Por paixão à aviação eu tinha um pequeno monomotor no aeroclube da cidade, que, por causa de sua localização, interferia muito com a vida da comunidade e precisou mudar de lugar, abrindo uma licitação para buscar um outro terreno. Como eu era sócio do aeroclube, tive a ideia de investir ali.

O negócio da serraria foi tão vantajoso que nós nos capitalizamos. Aproveitando a oportunidade do terreno do aeroclube, fiz uma sociedade com o Valdir Koerich e montamos a empresa Kobrasol; pensamos grande. Fizemos um loteamento muito estudado, planejado, com estrutura colocada, tudo asfaltado para valorizá-lo e foi um sucesso.

Percebi que os pinheiros iriam acabar, então eu tinha que diversificar o negócio. Com a implantação da via expressa, teríamos que mudar nossa serraria de lugar. Fui ao antigo DNER, hoje DENIT, descobri onde a nova via seria construída e procurei um terreno para comprar na margem dela, transferindo a madeireira pra lá. Ainda no embalo da diversificação, começamos a fazer pré-moldados de concreto. As dificuldades eram muitas até as de ordem técnico-executivas; chegamos a fabricar um guindaste improvisado para montar as peças.

Em seguida, fizemos uma grande obra que foi o Estádio Orlando Escarpelli. Depois, recebi o convite para construção do estádio do Avaí. Eu precisava de uma máquina estrusora que fabricasse estacas pré-moldadas de concreto e fiz isso. Fui à Finlândia, adquiri mais máquinas, mas, em um relance de ousadia, exigi exclusividade para o sul do país até o ano 2000, ou seja, eles não poderiam vender as máquinas para mais ninguém, o que me deixou em vantagem competitiva. Pela construção do estádio do Avaí recebemos o terreno onde está o Beiramar Shopping e o construímos pela empresa Kobrasol.

Hoje, somos detentores de uma expressiva fatia do mercado de pré-fabricados, a maior empresa do setor. A partir do ano passado, fizemos uma remodelação do sistema, eu saí da direção, criamos uma holding, para profissionalizar, contratamos profissionais do mercado e estamos construindo uma fábrica em Angola.

Já a Cassol Centerlar, nosso segmento dedicado a materiais de construção e decoração, tem lojas em Florianópolis, São José, Curitiba, Itajaí, Joinville e Porto Alegre.

Como consegui tudo isso? Eu acho que determinação foi muito importante; além de trabalharmos com seriedade, o princípio era somar e dividir; diminuir nunca. Se analisarmos o que era o pré-fabricado quando demos os primeiros passos, a primeira obra que nós fizemos era minúscula, mas nós tínhamos um sonho. Assumimos obras de 70.000 m^2 que precisávamos entregar em 70 dias. Para isso, precisava-se ter um crédito acima do normal, e por isso a empresa precisava construir uma imagem sólida, para gerar confiança. Eu dizia para o meu grupo fazer as coisas bem feitas, porque, do contrário, a empresa teria que cumprir, mesmo dando prejuízo, pois nós não podíamos falhar com a nossa palavra. Ter confiabilidade é uma coisa importante, porque, depois de um tempo, a empresa cria uma gama de clientes que passa a se repetir, como, por exemplo, o pessoal de supermercado. Fizemos a primeira obra, e posteriormente todas as outras.

Em princípio, todo negócio tem que dar lucro, mas você não pode ser imediatista; precisa projetá-lo em curto, médio e longo prazos; acreditar que tem um objetivo. Vai ter dificuldades no meio do caminho, mas não pode esmorecer. Se você inicia o negócio e ele começar a não dar certo por A ou por B, você pode até mudar uma vez, embora eu não tenha mudado nenhuma. Persiga o objetivo, acredite em si, não esmoreça e busque credibilidade. Você tem que ser justo e não se vangloriar do sucesso: tem que acreditar e fazer com que os outros acreditem. É importante não deixar o cavalo passar encilhado sem montar. Também não pode ter medo de errar; se você errou muito, é porque você acertou também.

Às vezes, eu penso que já consegui tudo o que planejei e até muito mais do que havia sonhado. O meu sonho é que esta empresa seja perene. Hoje, nós já cruzamos a linha do difícil, que é atingir a quarta geração de sucessão na empresa. Desejo que meus sucessores possam galgar mais passos e seguir em frente. Mesmo hoje não tendo participação ativa na gestão dos negócios, continuo acompanhando a empresa.

Também tem que lembrar que um negócio atrai mais negócios. Claro que é difícil o primeiro passo: você não tem conhecimento, ninguém sabe quem você é. Um bom princípio é gastar menos que o que se ganha, reinvestir, mesmo que tenha que se privar de muitas coisas; passei anos levando uma vida sem muita grandeza para poder criar fermento, uma riqueza que pudesse expandir os negócios. Em vez de ter um carro 0 km, eu tinha um carrinho pequeno para fazer economia e reinvestir.

Quem troca de emprego o tempo todo não chega a lugar nenhum. Quando você é jovem, deve fazer sacrifício, pegar serviço extra. Mas se a empresa é boa, se você confia no patrão e na empresa, fique para ter chance de crescer. Além disso, tem que estudar. Para trabalhar na minha empresa, eu dou preferência a pessoas que venham de família humilde, que trabalham enquanto estudam e que tenham curso técnico.

Eu nunca tirei 30 dias de férias, sempre trabalhei muito, mas tive e tenho qualidade de vida. Acreditei e segui realizando sonhos. Você pode fazer o mesmo!

Se Você Pode Sonhar, Você Pode Realizar

Conheci Ginha Nader em um treinamento que ministrei pela ABTD, em SP, e tenho que confessar que virei sua fã imediatamente. É impossível não se comover e se envolver com sua história de luta e superação, com a sua capacidade de transformar sonhos em realidade.

É conhecida carinhosamente como "Tia Ginha", mas, se alguém pedir a ela que se descreva, certamente, responderá: "Amiga do Mickey".

Ginha iniciou sua carreira em 1972, levando grupos de turistas para a Flórida, EUA, e se dedicando, incansavelmente, ao estudo e à pesquisa da vida e da obra de Walt Disney, o que resultou no maior acervo particular de Disney na América Latina. Com presença constante na imprensa, sua bela e empolgante história se tornou pública em 1982, quando foi convidada para participar do Programa "Show Sem Limites", apresentado por Jota Silvestre, na emissora TVS (atual SBT), respondendo sobre Walt Disney. Ginha Nader obteve não apenas o prêmio máximo do programa, mas também o título de "a maior especialista Disney da América Latina". Com o dinheiro recebido, levou crianças carentes para conhecer a Disney.

Atualmente, Ginha Nader ministra palestras e seminários. Abordando sua experiência pessoal e percepções a respeito de Walt Disney e a aplicação desses conceitos no ambiente empresarial, Ginha Nader garante não apenas grandes resultados, mas, principalmente, aquilo que ela esbanja em sua personalidade: paixão e entusiasmo. Ela é dessas pessoas capazes de realizar magia à sua volta, pois ela é pura magia! Ginha Nader é Gente que Faz! A seguir, você confere o depoimento desse modelo de sucesso.

Depoimento

Conheci Marcia Luz participando de seu seminário, em SP, na sede da ABTD, "Como utilizar filmes para o treinamento e desenvolvimento de equipes", oportunidade que procurava já há algum tempo, mas que a agenda ainda não me havia permitido. Anonimamente, fiquei encantada absorvendo as lições de uma mulher que, exercendo a mesma atividade que a minha, falava com as mãos e o brilho no seu olhar credenciava cada palavra que nos envolveu durante todo um dia sem que pudéssemos perceber o tempo que ali ficamos.

Ao final do dia, para minha surpresa, pediu-me um depoimento, de como e por que a Disney havia entrado em minha vida, para seu novo livro ainda a ser lançado no início de dezembro de 2008.

Meu relato é simples e tem apenas a intenção de dizer às pessoas que ACREDITEM! Acreditem em qualquer coisa, mas acreditem. Trace uma meta, trabalhe em cima dela, abra mão do que precisar, mas jamais desista do seu sonho e nunca se esqueça de que a vida é o maior prêmio de todos!

Venho de uma geração patriarcal e machista, em que os filhos homens eram criados para serem os provedores de suas famílias; de nós mulheres, nada era cobrado, nem estudar era preciso. Tínhamos apenas, uma única obrigação e esta, não podia falhar: que era sair da tutela do pai e entrar na do marido e sem volta... Tivemos uma infância e uma juventude maravilhosa no Rio de Janeiro, pois, pertencendo a uma família bem constituída, muito unida e amorosa, de classe média alta, jovem e romântica, tinha um único objetivo de vida e muito claro para mim (na época, não sabia que era uma pessoa de objetivos... hoje sei): tudo que almejava na vida era me casar, cuidar da minha casa, do meu marido e dos meus filhos, não me interessando por mais nada. Tive oportunidade de estudar, frequentamos bons colégios, mas sem nenhum interesse, pois meu pensamento era o de que não iria utilizar nada do que estava aprendendo, pois só queria me casar.

Casei-me e fomos felicíssimos, pois foram duas almas gêmeas que se encontraram. Meu marido, uma criatura muito especial, com uma maravilhosa alegria de viver, jovem, engenheiro recém-formado e no início de sua vida profissional. Portanto, ainda sem um lastro financeiro.

Em nossos primeiros anos de casamento, já com as crianças nascidas, surgiu uma proposta de trabalho para Nicolau dirigir uma fábrica no interior do Rio de Janeiro, em Barra Mansa, para onde nos mudamos. O local era bem afastado da cidade, em frente à via Dutra e sem vizinhos, apenas um extenso mato ao redor; ficamos morando em uma pequena casa no terreno da própria fábrica a qual, a princípio, havia sido construída para um vigia. Quando familiares nos visitavam, surgia sempre a mesma indagação com um certo espanto: Ginha, você saiu do Rio de Janeiro para morar aqui??... Ao que eu respondia: por quê? Com as crianças pequenas, desfrutando do dia inteiro todos juntos, para mim aquele lugar era um palácio... Hoje, percebo que morava em um lugar muito feio, mas, na época, não tinha esses olhos, eu estava feliz! Quando estávamos lá, aos 36 anos, Nicolau morreu subitamente do coração nos meus braços.

Viúva, aos 27 anos, totalmente despreparada para a vida, sempre me havia sido mostrado um mundo cor-de-rosa. Com três filhos, Nicolau Jr. com 5 anos, Marcos com 4 e o caçula, Marcelo, que não tinha 1 ano e ainda mamava no peito. Eu sem dinheiro ou profissão e cuja cultura se resumia em saber ler, escrever e fazer as quatro operações. O que fazer?... Trabalhar, mas em quê? Confesso que realmente não sabia o que era trabalhar... Não fui preparada para isso... E quanto mais pensava em uma atividade que garantisse nosso sustento, a única coisa que me vinha à cabeça era lavar roupa para fora, mas eu também não sabia... O que o amor faz com você... o amor lhe dá Paz... E sempre fui uma pessoa de fé em Deus... Não entendi os desígnios de Deus em ter levado uma criatura tão especial, um pai tão amoroso, mas tive a humildade de aceitar e, quando aceitamos, a dor é menos doída e eu me sentia em Paz. Mas, mesmo assim, a dor da saudade, da ausência me consumia por dentro e sentia muita saudade do meu companheiro. A hora mais difícil era a do cair da tarde. O crepúsculo provocava em mim uma profunda nostalgia e uma tristeza muito, muito grande... Nesses momentos, eu rezava a Deus e pedia ao Nicolau que ficasse em Paz na sua Luz, mas que me apontasse uma direção e que me fizesse recuperar o entusiasmo. Eu não podia transmitir aos meus filhos um entusiasmo de mentira... Tinha que ser um entusiasmo verdadeiro e eu o estava procurando.

Uma tarde, sentada à mesa do escritório que ele ocupara, uma voz soou na minha cabeça: "Vá para a Disneylândia". Lembro-me bem da emoção que senti vislumbrando que um dia poderia ser muito feliz com meus filhos nesse lugar que, apesar de não conhecer, sabia que era um lugar de sonho. Lembro-me, também, de que respondi: "Obrigada meu querido, entendi a sua mensagem". Por mais absurda que fosse a ideia, pois tínhamos ficado sem dinheiro algum e durante muito tempo nossa refeição foi apenas café com leite, tracei uma meta: levar meus filhos à Disneylândia. Era junho de 1967 e a partir daí comecei a ler e guardar tudo que era divulgado sobre o assunto. Nessa procura, caiu em minhas mãos uma biografia de Walt Disney, escrito por sua filha Diane Disney Miller, que havia sido traduzida para o português. Ao lê-lo, apaixonei-me pela vida e pela obra deste que para mim foi um dos maiores gênios do século XX e o sentimento que tomou conta de mim foi, "se ele conseguiu, eu também consigo... Não preciso tanto porque não sou gênio, mas dentro da minha realidade e dentro do meu tamanho, também consigo". Essa obra passou a ser meu livro de cabeceira. Sua filosofia otimista me deu tanta força que nunca mais parei de praticá-la.

Depois de dois anos em Barra Mansa, viemos para São Paulo morar com meus pais e irmãos. Quando dizia ao meu pai que tinha que trabalhar, sua resposta era: "Filha minha não trabalha..." Naquela época, na cultura patriarcal, uma mulher trabalhar, principalmente uma filha viúva, jovem e cheia de vida... era uma tragédia! Agora, já em São Paulo e à revelia do meu pai, iniciei uma peregrinação pelas agências de viagens em busca de uma maneira de realizar o meu grande sonho. Sem dinheiro, parecia impossível, era o que me diziam, mas eu continuava. Fui estudando e aprendendo muita coisa, reunindo uma informação aqui, outra ali, até que, depois de cinco anos de busca, batendo de porta em porta, uma pequena agência me deu a oportunidade! Quando temos um objetivo forte e não desistimos com os "nãos" que recebemos, em um dado momento, você bate na porta certa, na hora certa e com a pessoa certa.

Teria que montar e vender um pacote para a viagem do qual eu seria a guia. Do número de passageiros que conseguisse dependeriam as gratuidades para os meninos. Fiquei tão emocionada que mal podia acreditar que o sonho estava quase se tornando realidade, mas não foi como eu esperava... Apesar do meu entusiasmo, com toda a força que a paixão nos dá, foi muito difícil conseguir montar os primeiros grupos. No início dos anos 1970, não existia a cultura ou o hábito de mandar crianças sozinhas para viagens ao exterior. Finalmente, em janeiro de 1972, consegui chegar com meus filhos à Disneylândia, na Califórnia. A emoção de estarmos lá foi tão grande que, antes de entrarmos no parque, disse a eles: "Vamos ajoelhar aqui no chão e agradecer a Deus e a seu pai pela graça que recebemos...". Depois de termos vivido o sonho na Disneylândia, conhecemos, também, o recém-inaugurado parque do Walt Disney World em Orlando, Flórida.

Realmente havíamos alcançado uma graça. Foi uma viagem inesquecível. Inesquecível porque cada pedacinho dela havia sido ansiosamente esperado por muitos anos. E inesquecível também porque, tendo estudado profundamente a vida e a obra de Walt Disney, era capaz de perceber, em cada maravilha que via, sua razão de ser.

Foi essa obstinação em busca de um sonho que trouxe uma perspectiva inesperada à minha vida, abrindo-me um novo campo de trabalho e a possibilidade de realização profissional e pessoal.

Exerci essa atividade ao longo de 30 anos. Primeiro, como **free-lancer** e, depois, com minha própria agência de turismo que me permitiu criar meus filhos com dignidade e alegria. Os meninos se formaram, estão casados e estou indo para o sexto neto. Há dez anos, ministro palestras, cursos, seminários e treinamentos nas empresas aplicando o modelo Disney em excelência e qualidade por todo território nacional.

Apesar de não ter me interessado pelos estudos durante o período escolar, dediquei, como dedico ainda hoje, grande parte do meu tempo ao estudo. Por achar que não poderia guardar o grande volume de conhecimento e informações que fui adquirindo ao longo dos anos, comecei a escrever os livros que já são sete. O último, publicado pela Editora Senac, "A Magia do Império Disney", está sendo considerada a obra mais completa de Disney no Brasil.

Nos primeiros anos do meu sonho, encontrei todas as portas fechadas, mas a forte determinação fez com que conseguisse realizá-lo. Por isso, sempre digo às pessoas que cruzam os meus caminhos, com toda segurança: "Acredite e vá. Acredite em qualquer coisa, em Deus, na vida, no amor pelas pessoas, na família, na força do seu trabalho, ou na sua força interior, mas ACREDITE, e nunca, nunca desista!".

Pai de Zezé di Camargo e Luciano continua perseguindo sonhos

Conhecer seu Francisco foi um grande presente. Sua simplicidade e carisma são contagiantes! Virei sua fã depois de assistir o filme "2 filhos de Francisco", que mostra como esse homem de origem simples batalhou para fazer de seus filhos sucesso nacional.

Hoje, aos 71 anos, seu Francisco começa tudo de novo, agora lançando uma nova dupla sertaneja, seus sobrinhos *Junior & Fellipe – Os afilhados de Francisco*. Ele acompanha os ensaios, os shows e cuidou do repertório do disco. E não são apenas músicas sertanejas; a dupla também toca forró e outros ritmos quentes. Questionado se os meninos também têm de comer ovo cru, assim como o patriarca fez com Zezé e Luciano, ele respondeu: "Não, não (risos). Não precisa!".

A Trajetória com os Filhos Zezé di Camargo e Luciano

Fã de Tonico e Tinoco, seu Francisco, um lavrador de Pirenópolis, cidadezinha do interior de Goiás, acalentava um sonho: ter dois filhos homens que pudessem formar uma dupla sertaneja. Quando nasceu Mirosmar José, o primogênito da família Camargo, cobrou da mulher, dona Helena: "Agora precisamos da segunda voz". Um ano depois, nascia Emival, o parceiro que faltava.

Quando Zezé completou 3 anos, ganhou do pai uma gaita. Mais tarde, com o dinheiro que vinha da lavoura, seu Francisco comprou uma sanfona e um violão para os filhos, que, àquela altura, já formavam a dupla Camargo e Camarguinho. A dupla-mirim se apresentava em circos e rodoviárias. Em 1974, a família foi para Goiânia, sempre em busca do sonho de seu Chico: o de transformar seus filhos em uma dupla sertaneja.

Em Goiânia, os Camargo passaram a morar em um barraco de dois cômodos. O telhado era remendado com papelão e latas. Seu Francisco arrumou emprego como servente de obra. Dona Helena trabalhava como lavadeira.

A dupla Camargo e Camarguinho vez ou outra ganhava a estrada para se apresentar no interior do país. Em uma dessas viagens, quando os garotos tinham 12 e 11 anos, um acidente de carro tirou a vida de Emival.

Mesmo com a falta do irmão, Zezé não desistiu da música. Em 1987, ele resolveu partir para São Paulo e tentar carreira solo. Gravou dois discos. Por essa época, algumas de suas composições já eram sucesso nas vozes de duplas consagradas, como "Chitãozinho & Xororó" e "Leandro & Leonardo".

Apesar das composições bem-sucedidas, o filho mais velho de seu Francisco queria mesmo era emplacar como cantor. Welson David, irmão dez anos mais moço, propôs a Zezé que formassem uma dupla e o irmão aceitou.

Com o repertório definido e faltando um dia para a dupla entrar em estúdio, Zezé teve um estalo e compôs, de supetão, "É o Amor". Insistiu com os executivos da gravadora e acabou conseguindo incluir a faixa no disco.

Antes mesmo de o álbum sair, Zezé di Camargo deixa uma fita com "É o Amor" na rádio Terra FM de Goiânia. Seu Francisco, sempre incentivador, comprava 500 fichas telefônicas por semana e as espalhava pela vizinhança. Ele dizia para que ligassem para a rádio e pedissem a música que seus meninos haviam acabado de gravar. Funcionou: em 15 dias "É o Amor" era a mais pedida da cidade.

Em 19 abril de 1991, Zezé di Camargo & Luciano lançam seu primeiro disco. Em dois meses, "É o Amor" alçava seus intérpretes ao primeiro lugar no *hit parade*. Em seis meses, o CD de estreia dos cantores ganhava disco de platina triplo por 750.000 cópias. Em pouco mais de um ano, atingia a casa de 1 milhão de cópias. E dali em diante nunca mais pararam.

(referência: site oficial)

Seu Francisco acreditou em seus filhos e transformou um grande sonho em realidade. Ele é Gente que Faz! Leia, na página seguinte, o depoimento desse homem que acreditou no seu sonho.

Depoimento

    Marcia Luz me convidou para fazer um depoimento falando um pouco da minha história, de como fiz para buscar o sucesso e a realização de um sonho meu que acredito todos vocês já conhecem um pouco.

    Posso dizer, com certeza, que a mola alavancadora da minha caminhada foi mesmo o sonho que eu tinha lá atrás, na época que os meninos eram bem pequenininhos. O sonho, a força de vontade e a fé em Deus, essas coisas é que fizeram tudo caminhar até onde chegamos.

    Mas a gente tem que gostar muito do que faz, senão ninguém vai a lugar nenhum; eu, por exemplo, tenho várias profissões, eu sou tratorista, tapeceiro, padeiro, eu fui lavorista e nunca gostei da profissão; até gostei de ser mestre de obra, mas você tem que fazer o que gosta, o que não gosta não adianta tentar. É o mesmo que você ter um filho que deseja ver formado como médico. Se ele quer ser fazendeiro, não adianta obrigar a estudar medicina, um dia ele vai abandonar tudo e vai para a roça ser fazendeiro, não tem jeito. A natureza tem que ser respeitada, eu tive oito filhos, seis homens e duas mulheres, e eu direcionei todos eles da maneira que a natureza deles indicava que eles tinham vontade de fazer, foi o que fizeram.

    Eu fiz tudo para não perder nada na vida, nenhuma chance ou oportunidade que aparecesse para promover os meninos, eu aproveitei tudo. Quando comecei, há muitos anos, a mídia era muito devagar, difícil mesmo de fazer acontecer, hoje está mais fácil; quem começou a criar esse caminho na música no nosso Brasil foi a dupla Chitãozinho & Xororó, depois entrou Leandro & Leonardo; vendo isso na época, eu pensei: tenho que colocar meus filhos na mídia também, foi quando me deu aquela ideia de usar uma tática no telefone, ligando dez vezes por dia para pedir a música deles. Com isso, ela era tocada na tarde seguinte e daí a música rodava duas a três vezes por dia. E então quando chegava o final de semana, ela estava em primeiro lugar, assim foi indo até que decolou. Não basta somente aproveitar todas as oportunidades que aparecem, é preciso, também, fazer as oportunidades aparecerem.

    Foi preciso muita determinação e força de vontade, até mesmo beirando a teimosia; eu tive que ser muito persistente em todas as coisas que fazia. Insistir uma, duas, três vezes, mesmo não dando certo nas primeiras, uma hora dá certo. Eu comparo com uma pescaria, você pode ir hoje e não pescar nenhum peixe, volta amanhã no mesmo lugar e de novo não pega nada, insiste e volta novamente até que, de repente, volta com o balaio cheio. Isso acontece porque com sua persistência, indo todo dia naquele mesmo lugar, jogando uma "quirelinha" ali o peixe juntou. Assim é na vida: em tudo que se vai fazer, tem que ter persistência, não esquecendo a fé, vá pedindo a Deus e fazendo sua parte que uma hora chega.

Outra coisa importante para mim é o respeito aos meus princípios, eu sou hoje do mesmo jeitinho que era antes, gosto de andar na rua e cumprimentar todo mundo; nem minha maneira de me vestir mudou, gosto de simplicidade, fazer as coisas sem muita complicação, mantenho e respeito meus valores e assim todos me reconhecem. Ter valores e seguir com eles ajuda na hora de enfrentar a pressão que todo mundo recebe quando está perseguindo um sonho.

Eu dei muita pernada à toa, faltava muita coisa que precisávamos e isso foi muita pressão, mas a pressão me ajudou a correr atrás para fazer acontecer.

Resumindo, em poucas palavras o que eu quero deixar neste depoimento é o seguinte: principalmente na música, é preciso ensaiar muito, ter boas vozes e bom talento, somando a isso a persistência e a fé em Deus você chega aonde quiser chegar.

Uma coisa importante para todo mundo é saber que não podemos parar nunca, a vida tem que continuar e, embora hoje agradeça a Deus tudo que ele tem feito por mim, continuo trabalhando para conservar o que tenho, que já está bom demais. Mas não parei por aí não, hoje eu estou com 71 anos de idade e começando tudo de novo agora com uma nova dupla – Junior & Fellipe – Os afilhados de Francisco. Estou na estrada novamente e fazendo o que gosto de fazer; estamos buscando todas as oportunidades e fazendo tudo que podemos. Com fé em Deus, eu chego lá.

Ana Maria Braga é Mais Você!

Essa paulista de São Joaquim da Barra tem uma história rica. Filha única, passou a infância e a adolescência estudando em internatos no interior de São Paulo. Na adolescência, disposta a fazer faculdade, fugiu de casa e começou a trabalhar para poder se formar bióloga pela Universidade de São Paulo, em São José do Rio Preto. Com o diploma em mãos, Ana Maria veio para São Paulo para fazer especialização na sua área, mas, para pagar os estudos, ela conseguiu um emprego na extinta TV Tupi onde apresentou telejornais, shows e estreou em um programa feminino ao vivo. Disposta a investir no novo segmento, Ana cursou a faculdade de Jornalismo. Com o fim da TV Tupi, ela foi assessora de imprensa e diretora comercial das revistas femininas da Editora Abril.

Longe das telas da televisão por mais de dez anos, Ana Maria voltou, em 1992, e por sete anos dirigiu, produziu e apresentou o programa "Note e Anote" na Rede Record. Esse programa lhe rendeu muitos prêmios e até um título no *Guiness Book* de maior permanência no ar.

Ana Maria foi para a Rede Globo em julho de 1999 e estreou o programa "Mais Você" no dia 18 de outubro, ao lado do seu fiel companheiro, o Louro José.

Apaixonada pelo que faz, Ana Maria Braga se considera uma mulher realizada. Para quem pensa que a vida de estrela é fácil, aqui vai uma informação: Ana trabalha cerca de 15 horas por dia, mas dorme tranquila com a sensação do dever cumprido.

(referência: site oficial)

Ana Maria tem como ideia fixa o seu trabalho. Não mede esforços para alcançar seus objetivos e fazer acontecer. Acredita que Deus age em sua vida o tempo todo, mas que, para isso, precisa fazer a sua parte direitinho. As coisas não caíram do céu para ela; hoje, considera-se uma mulher feliz e realizada, fruto de muito suor e trabalho. Começaria tudo de novo, se necessário fosse, e faz questão de deixar marcas pelo caminho a fim de que outros possam aprender com ela. Ana Maria Braga nasceu para brilhar. Ela também é Gente que Faz!

Depoimento

Superação, determinação, fé... A proposta inicial da autora, Marcia Luz, era que eu fizesse um depoimento sobre como, apesar das adversidades, fui atrás dos meus sonhos e venci.

Pois bem, eu poderia contar, aqui, minha trajetória, dando inúmeros exemplos de obstáculos que sempre se fizeram presentes na minha vida.

Eu poderia contar aqui, detalhadamente, todas as vezes que nadei contra a maré.

Eu poderia, também, fazer uma listagem de todos os "nãos" que já ouvi, as portas que não consegui abrir, todos os medos, as aflições, as dificuldades por que passei. Tudo que foi colocado em meu caminho, para testar a minha perseverança.

Mas não vou fazer isso.

Porque não quero me fazer de vítima, nem de heroína.

Tudo que passei foi necessário.

Tudo que conquistei foi merecido.

Tem gente que adora fazer dramaturgia da própria vida, contar como as coisas são difíceis, e sempre frisar os obstáculos que passou em vez de comemorar as vitórias.

Essas pessoas, que se colocam no papel de vítimas do destino, colecionam histórias de superação melodramáticas. Para elas, o sofrimento foi a mola propulsora de tudo que conquistaram e torna-se uma arma poderosa de manipulação.

Já outros preferem se enaltecer, como heróis de um longa-metragem. Estes contam como foram fortes na resolução de determinados problemas, como se fossem as únicas pessoas do mundo a enfrentarem adversidades. Para essas pessoas, superar alguns obstáculos os faz subir de categoria, torna-os especiais.

Quem ouve, tanto a vítima como o herói, sente-se compelido a ir adiante, conforta-se em ver que não está sozinho em seus sofrimentos, e passa a admirar aquele que teve uma história de vida repleta de percalços.

Sei que minha história serviu, e servirá, como lição de vida para muitas pessoas, e me orgulho muito disso. Alguns se lembram sempre da minha origem humilde, e como lutei para conquistar tudo o que tenho.

Outros já se espelharam em mim na luta contra uma doença grave, persistindo e não se deixando abater.

Há fãs que ressaltam a minha determinação e coragem de dizer sempre o que penso. Mas o que eu quero deixar para vocês, aqui nesse depoimento, é que cada um tem uma história, mas as virtudes que você desenvolve no decorrer dessas histórias é que não devem ser esquecidas jamais. São elas que determinarão seu caráter.

Todos nós passamos por bons e por maus momentos. Todos nós "enfrentamos um leão por dia". O tamanho desse leão varia de pessoa para pessoa, mas a maneira como o enfrentamos é que vai dizer quem somos. E isso depoimento nenhum pode contar.

SETE DEPOIMENTOS, sete histórias de vida, cada um ao seu estilo, com características próprias, com diferentes formas de encarar o mundo, com trajetórias únicas. Sete personalidades, algumas conhecidas da mídia, outras apenas do seu círculo de influência, no entanto todas com um traço comum: a capacidade de transformar sonhos em realidade. E aceitaram o convite para participar deste livro, pois desejaram colaborar comigo na missão de ajudar você, amigo leitor, a perceber que o caminho é árduo, longo, porém está a seu alcance.

O sucesso não é uma *benesse* concedida a alguns poucos seres humanos que tiveram a sorte de serem escolhidos por Deus para que tudo desse certo em sua vida. O sucesso é uma trajetória, cuja construção exige disciplina, foco, empenho e determinação. Ele está ao alcance de todos aqueles que o desejarem e trabalharem para a sua concretização.

Se você olhar para a sua trajetória, perceberá que também já alcançou grandes feitos, superou obstáculos, aceitou e venceu desafios. Talvez ainda não tenha realizado tudo o que pretende, mas continua buscando o caminho para o que considera sucesso em sua vida, de acordo com a sua escala de valores. Portanto, anime-se. A caminhada já começou, pois você também é Gente que Faz!

Capítulo 12

Conclusão

CONCORDO COM CÉSAR SOUZA, AUTOR DO LIVRO "VOCÊ É DO TAMANHO DE SEUS SONHOS", QUANDO DIZ QUE COLOCAR UM PONTO-FINAL EM UM LIVRO QUE FALA SOBRE SONHOS É UMA MISSÃO MUITO DIFÍCIL, POIS SONHOS NÃO ADMITEM PONTO-FINAL, UMA VEZ QUE NÃO SE PODE DEIXAR DE SONHAR NUNCA.

Então, em vez de fazer uma conclusão, ou relembrar os principais tópicos abordados neste livro, quero terminá-lo com uma lista de desejos que tenho para você:

– desejo-lhe sorte, lembrando que sorte é o somatório de competência com oportunidade, portanto prepare-se para ela;

– desejo determinação, garra, empenho, mas que você consiga perceber se não está insistindo em trilhar os caminhos errados, quando a persistência vira teimosia;

– desejo que o motorista de seu ônibus da vida seja você, e que a trajetória realizada permita-lhe terminar a viagem com lindas histórias para contar e com grandes conquistas;

– desejo que você descubra seu verdadeiro propósito de vida, atribuindo sentido a ela, e partindo daqui um ser humano melhor que aquele que chegou;

– desejo, sinceramente, que Deus abençoe seus passos e que nos momentos difíceis o carregue no colo;

– desejo que você tenha muitos amigos para dividir as alegrias e para encontrar conforto quando as coisas não derem certo e desejo, também, que você ame com todas as forças de seu coração e que perdoe aqueles que interromperem, mesmo que momentaneamente, a trajetória de seus sonhos;

– desejo que você parta desta vida sem realizar todos os seus sonhos, o que significa que foi capaz de sonhar até o último dia, até o último sopro de sua existência;

– e desejo, finalmente, que seu legado seja tão primoroso e iluminado a ponto de inspirar outras pessoas a também buscarem a realização de seus sonhos.

E lembre-se de que, para construir um futuro de sucesso, seja lá qual for o significado que a palavra sucesso tenha para você, a hora de começar a trabalhar é agora! Então, feche o livro, arregace as mangas e que Deus o abençoe na caminhada.

Um forte abraço,

Marcia Luz

Ficha de interação com o leitor

Assim como Oscar, Eliane, Ivânia, Adroaldo, Ginha, seu Francisco e Ana Maria Braga, quero conhecer a sua história de sucesso, a sua capacidade de transformar sonhos em realidade. Então, envie-a para mim, a fim de que eu possa dividi-la com outras pessoas que precisam de seu exemplo!

E-mail: plenitude@marcialuz.com.br

Site: www.marcialuz.com.br

Bibliografia Sugerida

BOTELHO, J. M.; CASE T. A. Como elaborar um bom currículo corretamente. *Jornal Carreira e Sucesso*, São Paulo, 102 ed., 15 de outubro de 2001. Artigo da Seção "Artigo".

BRIDGES, W. *Um Mundo sem Empregos*. São Paulo: Makron Books, 1995.

CHIAVENATO, I. *Gerenciando Pessoas – Como Transformar Gerentes em Gestores*. São Paulo: Editora Pearson Education do Brasil Ltda, 2002.

COVEY, S. *Os 7 Hábitos das Pessoas Altamente Eficazes*. São Paulo: Editora Best Seller.

DE MASI, D. *O Ócio Criativo*. Rio de Janeiro: Sextante, 2000.

FRANKL, V. E. *Em Busca de Sentido*, 2. ed. Petrópolis: Ed. Vozes, 1991.

HOOVER, J. *Liderança Compartilhada: Como Alinhar o que as Pessoas Fazem Melhor com o que as Empresas Precisam*. São Paulo: Ed. Futura, 2005.

HUNTER, J. C. *O Monge e o Executivo: Uma História Sobre a Essência da Liderança*. Rio de Janeiro: Sextante, 2004.

JOHNSON, SPENCER. *Quem Mexeu no Meu Queijo*. Rio de Janeiro: Editora Record, 2001.

KELLY, M. *Os Sete Níveis da Intimidade*. Rio de Janeiro: Sextante, 2007.

KOTTER, J. P. *Liderando Mudança*. Rio de Janeiro: Campus, 1997.

LUZ, M. & PETERNELA, D. *Lições que a Vida Ensina e a Arte Encena*. São Paulo: Átomo, 2005.

LUZ, M. & PETERNELA, D. *Outras Lições que a Vida Ensina e a Arte Encena*. Rio de Janeiro: Qualitymark, 2007.

LUNDIN, STEPHEN. *Peixe! Como Motivar e Gerar Resultados*. Rio de Janeiro: Editora Campus, 2000.

MINARELLI, J. A. *Empregabilidade: O Caminho das Pedras*. São Paulo: Editora Gente, 1995.

MORGAN, G. *Imagens da Organização*. São Paulo: Atlas, 1996.

MOSCOVICI, F. *Desenvolvimento Interpessoal*. 3. ed. Rio de Janeiro: Livros Técnicos e Científicos, 1985.

RANGEL, ALEXANDRE. *O que Podemos Aprender com os Gansos*. Editora Original, 2003.

SENGE, P. M. *A Quinta Disciplina: Arte e Prática da Organização que Aprende*. São Paulo: Editora Best Seller, 1998.

SOUKI, O. *Otimismo sem Limites*. São Paulo: Editora Landscape, 2007.

STEWART, T. A. *Capital Intelectual: A Nova Vantagem Competitiva das Empresas*. Rio de Janeiro: Campus, 1998.

SOUZA, C. *Você é do Tamanho de seus Sonhos*. São Paulo: Ed. Gente, 2003.

Sites

http://teorias-do-crime-um-seminario-blogspot.com/2006_11_01_archive.html

http://carreiras.empregos.com.br/carreira/administração/ge/entrevista/preparex/180406_perguntas_entrevista.htm

http://www.anthropos.com.br

http://www.patriciamuller.com/101/dicas/proposito/

http://www.iacat.com/Revista/recrearte/recrearte06/seccion1/insight.htm

QUALITYMARK EDITORA

Entre em sintonia com o mundo

QUALITYPHONE:
0800-0263311

Ligação gratuita

Qualitymark Editora
Rua Teixeira Júnior, 441 – São Cristóvão
20921-405 – Rio de Janeiro – RJ
Tels.: (21) 3094-8400/3295-9800
Fax: (21) 3295-9824
www.qualitymark.com.br
e-mail: quality@qualitymark.com.br

Dados Técnicos

Formato:	16x23
Mancha:	12x19
Corpo:	11
Entrelinha:	13
Fonte Título:	Myriad Pro
Fonte Texto:	Myriad Pro
Lançamento:	2009
2ª Edição:	Julho de 2011
Total de Páginas:	168
Gráfica:	Sermograf